广东省"十四五"职业教育规划教材

医学美容技术专业双元育人教材系列

美容礼仪

主　编　梁　冰　叶秋玲　高惠霞　傅润红
副主编　殷秀娟　吴　曦　寇晶堃
编　委（按姓氏拼音排序）

　　　　蔡成功　沧州医学高等专科学校
　　　　傅润红　广东伊丽汇美容科技有限公司
　　　　高惠霞　陕西能源职业技术学院
　　　　古　颂　珠海市卫生学校
　　　　寇晶堃　天津医学高等专科学校
　　　　梁　冰　珠海市卫生学校
　　　　潘嘉欢　清远市德圣健康职业技术学校
　　　　邵　华　广东封开县中等职业学校
　　　　申泽宇　香港雅姬乐集团有限公司
　　　　王　琦　山西省好艺中等专业学校
　　　　吴　曦　清远职业技术学院
　　　　肖杰华　青海卫生职业技术学院
　　　　叶秋玲　香港雅姬乐集团有限公司
　　　　殷秀娟　海南红瑞医疗美容投资管理有限公司
　　　　张　荣　陕西能源职业技术学院
　　　　赵媛媛　陕西能源职业技术学院
　　　　周春玲　荆州职业技术学院
　　　　朱　艳　香港雅姬乐集团有限公司

復旦大學出版社

内容提要

本教材以服务礼仪在工作中的运用为主线，突出基本职业形象礼仪及沟通礼仪训练。全书分为2个模块、4个单元和20个学习任务，模块一职业形象礼仪，以微笑训练为重点，贯穿于各个学习任务中；模块二美容服务礼仪，重点为服务流程中主要环节的沟通技巧训练。以体现基于工作的学习，每个学习任务均以"学习目标、情景导入、相关知识、任务分析、任务准备、任务实施、任务评价、能力拓展"等体例格式展现，其中的图片、视频均来自美容企业真实工作情景、专业人员真实工作状态，以及美容企业新员工入职训练学习过程。全书配有大量高清图片及训练操作视频，视频以二维码形式呈现，可以让学生随时进行预习，提高了学生的学习能动性，最大限度地满足美容岗位专业人员礼仪素质培养的学习训练需求，为美容师顺利进入岗位工作打下扎实的基础。本教材学习任务安排由浅入深递进，生动有趣，内容实用，适用于职业院校美容相关专业，以及各类美容职业教育培训。

本套系列教材配有相关课件、视频等，欢迎教师完整填写学校信息来函免费获取：xdxtzfudan@163.com。

总　　序

党的二十大要求统筹职业教育、高等教育、继续教育协同创新，推进职普融通、产教融合、科教融汇，优化职业教育类型定位。新修订的《中华人民共和国职业教育法》（简称"新职教法"）于 2022 年 5 月 1 日起施行，首次以法律形式确定了职业教育是与普通教育具有同等重要地位的教育类型。从"层次"到"类型"的重大突破，为职业教育的发展指明了道路和方向，标志着职业教育进入新的发展阶段。

近年来，我国职业教育一直致力于完善职业教育和培训体系，深化产教融合、校企合作，党中央、国务院先后出台了《国家职业教育改革实施方案》（简称"职教 20 条"）、《中国教育现代化 2035》《关于加快推进教育现代化实施方案（2018—2022 年）》等引领职业教育发展的纲领性文件，持续推进基于产教深度融合、校企合作人才培养模式下的教师、教材、教法"三教"改革，这是贯彻落实党和政府职业教育方针的重要举措，是进一步推动职业教育发展、全面提升人才培养质量的基础。

随着智能制造技术的快速发展，大数据、云计算、物联网的应用越来越广泛，原来的知识体系需要变革。如何实现职业教育教材内容和形式的创新，以适应职业教育转型升级的需要，是一个值得研究的重要问题。"职教 20 条"提出校企双元开发国家规划教材，倡导使用新型活页式、工作手册式教材并配套开发信息化资源。"新职教法"第三十一条规定："国家鼓励行业组织、企业等参与职业教育专业教材开发，将新技术、新工艺、新理念纳入职业学校教材，并可以通过活页式教材等多种方式进行动态更新。"

校企合作编写教材，坚持立德树人为根本任务，以校企双元育人、基于工作的学习为基本思路，培养德技双馨、知行合一，具有工匠精神的技术技能人才为目标。将课程思政的教育理念与岗位职业道德规范要求相结合，专业工作岗位（群）的岗位标准与国家职业标准相结合，发挥校企"双元"合作优势，将真实工作任务的关键技能点及工匠精神，以"工程经验""易错点"等形式在教材中再现。

校企合作开发的教材与传统教材相比，具有以下三个特征。

1. 对接标准。基于课程标准合作编写和开发符合生产实际和行业最新趋势的教材，而这些课程标准有机对接了岗位标准。岗位标准是基于专业岗位群的职业能力分析，从专业能力和职业素养两个维度，分析岗位能力应具备的知识、素质、技能、态度及方法，形成的职业能力点，从而构成专业的岗位标准。再将工作领域的岗位标准与教育标准融合，转化为教材编写使用的课程标准，教材内容结构突破了传统教材的篇章结

构,突出了学生能力培养。

2. 任务驱动。教材以专业(群)主要岗位的工作过程为主线,以典型工作任务驱动知识和技能的学习,让学生在"做中学",在"会做"的同时,用心领悟"为什么做",应具备"哪些职业素养",教材结构和内容符合技术技能人才培养的基本要求,也体现了基于工作的学习。

3. 多元受众。不断改革创新,促进岗位成才。教材由企业有丰富实践经验的技术专家和职业院校具备双师素质、教学经验丰富的一线专业教师共同编写。教材内容体现理论知识与实际应用相结合,衔接各专业"1+X"证书内容,引入职业资格技能等级考核标准、岗位评价标准及综合职业能力评价标准,形成立体多元的教学评价标准。既能满足学历教育需求,也能满足职业培训需求。教材可供职业院校教师教学、行业企业员工培训、岗位技能认证培训等多元使用。

校企双元育人系列教材的开发对于当前职业教育"三教"改革具有重要意义。它不仅是校企双元育人人才培养模式改革成果的重要形式之一,更是对职业教育现实需求的重要回应。作为校企双元育人探索所形成的这些教材,其开发路径与方法能为相关专业提供借鉴,起到抛砖引玉的作用。

博士,教授

2022 年 11 月

前　言

在全国现代学徒制工作专家指导委员会和全国卫生职业教育教学指导委员会的支持指导下，由广东省卫生职业教育协会和医学美容技术专业产教研联盟牵头，联合全国50多所相关院校或企业参与，共同开发了"全国现代学徒制医学美容技术专业'十三五'规划教材"。《美容礼仪》是本套教材之一。

美容礼仪是美容专业人员岗位工作中必备的基本素质。学生在校期间进行美容礼仪知识和技能的学习能为他们尽快胜任岗位工作打下坚实的基础。我们依据《现代学徒制专业教学标准和课程标准：医学美容技术专业》中的美容礼仪课程标准（详见附录），基于美容服务工作过程的典型工作任务，编写了这本《美容礼仪》教材。本教材以服务礼仪在工作中的运用为主线，突出基本的职业形象礼仪及沟通礼仪训练。全书分为2个模块4个单元20个学习任务，模块一职业形象礼仪，以微笑训练为重点，贯穿于各个学习任务中；模块二美容服务礼仪，重点为服务流程中主要环节的沟通技巧训练。以体现基于工作的学习，每个学习任务均以"学习目标、情景导入、相关知识、任务分析、任务准备、任务实施、任务评价、能力拓展"等体例格式展现，其中的图片、视频均来自美容企业真实工作情景、专业人员真实工作状态，以及美容企业新员工入职训练学习过程。全书配有大量高清图片及训练操作视频，视频放在书上的二维码中，让学生可以随时预习，提高了学生学习的主动性，最大限度地满足美容岗位对专业人员礼仪素质培养的学习训练需求，为美容师顺利进入岗位工作打下扎实基础。本教材学习任务安排由浅入深递进，生动有趣，内容实用，适用于职业院校美容相关专业，以及各类美容职业教育培训。

本教材得到各参编职业院校和美容企业的大力支持，以及全国现代学徒制工作专家指导委员会专家的悉心指导和严格把关，是校企双方的共同努力、各位专家的辛勤付出，才使其顺利出版。在此，谨对参编的所有职业院校和美容企业专家深表谢意。

由于编者水平有限、时间仓促，书中难免有疏漏和不足之处，恳请广大师生和美容企业专家批评指正，以便日后更臻完善！

编者
2020年6月

目　　录

模块一　职业形象礼仪——微笑的魅力

单元一　仪容仪表基本礼仪 ················ 1-1
　　任务一　发型礼仪 ················ 1-2
　　任务二　着装礼仪 ················ 1-5
　　任务三　妆容礼仪 ················ 1-10
　　任务四　微笑礼仪 ················ 1-15
　　任务五　个人卫生礼仪 ················ 1-24

单元二　仪态举止基本礼仪 ················ 2-1
　　任务一　站姿礼仪 ················ 2-2
　　任务二　坐姿礼仪 ················ 2-8
　　任务三　走姿礼仪 ················ 2-13
　　任务四　蹲姿礼仪 ················ 2-18
　　任务五　鞠躬礼仪 ················ 2-23
　　任务六　奉茶礼仪 ················ 2-27
　　任务七　手势礼仪 ················ 2-32

模块二　美容服务礼仪——语言的艺术

单元三　美容服务基本礼仪 ················ 3-1
　　任务一　客户预约礼仪 ················ 3-2
　　任务二　接待顾客礼仪 ················ 3-14
　　任务三　护理准备礼仪 ················ 3-20
　　任务四　送客礼仪 ················ 3-28

单元四　美容服务沟通礼仪 ················ 4-1
　　任务一　项目介绍礼仪 ················ 4-2

　　　　任务二　操作介绍礼仪 ………………………………… 4-13
　　　　任务三　售后服务礼仪 ………………………………… 4-23
　　　　任务四　投诉处理礼仪 ………………………………… 4-33

参考文献 ……………………………………………………………… 001

附录：课程标准 ……………………………………………………… 002

模块一 职业形象礼仪
——微笑的魅力

职业形象礼仪是入职美容行业的第一课，良好的职业形象礼仪能展示个人的修养与专业水准，表示对顾客的尊敬、友善和真诚，会赢得顾客的信任和好感。对打造专业品牌形象，提高企业声誉，提升企业的竞争力和影响力非常重要。对于即将入职美容行业的学生而言，首先要做的就是学习基本礼仪，包括仪容仪表基本礼仪、仪态举止基本礼仪。这些内容的学习不容小觑，要高度重视并经过严格的训练才能掌握。

 单元一 ▶▶▶ **仪容仪表基本礼仪**

相关基础知识储备

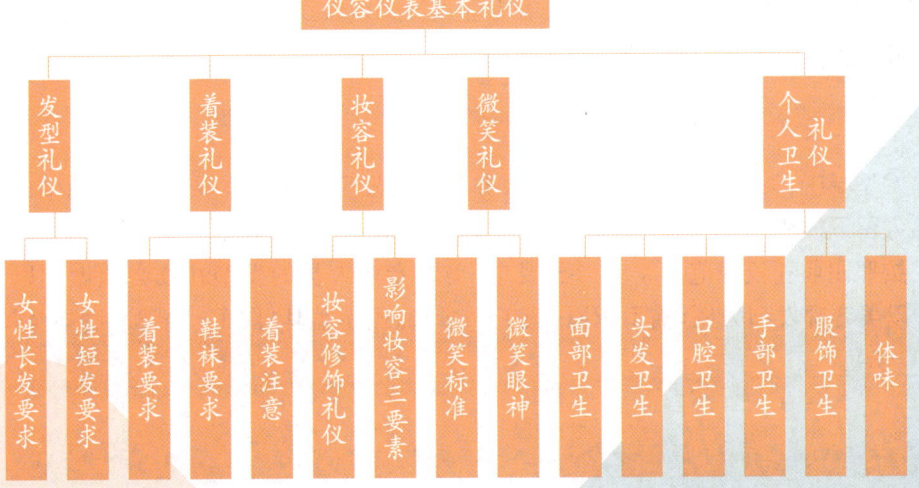

任务一　发型礼仪

 学习目标

1. 领悟美容专业人员发型礼仪的重要性。
2. 掌握美容专业人员发型礼仪的要求。
3. 熟练梳理符合美容服务礼仪要求的发型。

 相关知识

一、美容专业人员发型礼仪的重要性

我们为什么会觉得空姐的服务和其他服务人员不一样,空姐在乘客面前所展现出来的一切,一方面代表着航空公司的形象,另一方面让顾客满意,进而给公司带来利益。空姐上岗前,航空公司都要对她们进行严格的服务礼仪培训。于是我们才能看到整齐划一的空姐职业形象,感受到精神饱满的空姐团队,以及无微不至、自然亲切的旅程服务。对美容会所(院)来讲,专业人员的形象礼仪与空姐的形象礼仪具有同等重要的作用,因此,美容企业也应格外重视员工的形象礼仪,将发型、妆容、着装等形象礼仪作为岗前培训最基本的内容之一,要求美容专业人员必须做到"头发干净、梳理整齐、统一规范",并成为自己生活中的一种习惯。

二、美容专业人员发型礼仪的要求

发型端庄、头发整洁、大方是美容服务礼仪对发型美的基本要求,干练简洁的发式会给人留下神清气爽的印象。

按照职业礼仪规范及企业形象要求,美容专业人员的发型礼仪必须做到以下几点:以美容师发型为例,前不压眉(图1-1-1)、侧不盖耳(图1-1-2)、后不及领(图1-1-3)。

图1-1-1 美容师发型要求：前不压眉

图1-1-2 美容师发型要求：侧不盖耳

图1-1-3 美容师发型要求：后不及领

三、美容专业人员发型梳理

1. 女性长发

（1）要求盘起：使用企业统一标准的发饰配扎。①符合美容卫生的要求，突显整洁、干净的职业形象；②符合服务的职业化要求，彰显干练、整齐的职业气质。

（2）长发的梳理方法：长发整齐地向后扎起，高度与耳上缘齐平，戴上发包，碎发需使用定型水、发夹固定，刘海不能遮住眉毛，做到整齐、干净、饱满（图1-1-3）。

2. 女性短发：要求做到前额头发不遮眉，后侧头发不过肩，两侧头发不遮耳。

 任务分析

发型梳理是美容职业形象的基本要求。长发长度和发量适中，较容易梳理且美观。美容专业人员尽量不要留过长的头发或剪碎发、短发，否则不便梳理。如自身头发较干燥、蓬松、碎发过多，可用发胶适当固定，避免有零乱不整齐的感觉。

 任务准备

1. 梳理头发的主要工具：梳子、胶圈、发网等。
2. 其他工具：镜子、固发发胶（啫喱）、电吹风机等。
3. 其他：根据个人头发情况做准备，头发不容易梳理者需要其他工具配合完成任务。

 任务实施

1. 职业形象打造：发型梳理是入职美容行业的第一课，是职业形象打造的基本内容之一。入职前往往通过岗前集中培训的形式学习美容礼仪基本知识及技能训练，从而使其认识到发型梳理统一要求是美容基本礼仪和基本形象的内容之一。新员工受到企业文化和职业氛围的影响，通常能较快理解发型梳理的要领，但需要通过严格的自我强化训练来掌握发型梳理技巧及速度，并养成日常行为习惯，从而达到美容的职业形象规范要求。

2. 案例讨论：选取美容服务中对发型礼仪重视或不重视的典型案例（图片、视频等），让学习者进行讨论和分析，从中领悟发型礼仪的重要性，意识到发型礼仪既是塑造个人良好职业形象的要求，个人内在修养的展示，更是一种对他人尊重的礼仪，代表企业的品牌形象，是美容专业人员必不可少的职业素养。掌握美容服务发型礼仪的要求，为今后在工作中梳理出干净、合适的发型做好准备。

 任务评价

通过自评、互评、教师评等方式，检查发型梳理是否符合美容职业形象的发型标准（表1－1－1）。

表1－1－1 美容师发型梳理结果评价

组别	梳发前(图片)情况	梳发后(图片)情况	自评	互评	教师评	总评
A学员						
B学员						
C学员						
D学员						

 能力拓展

1. 根据服务礼仪要求，描述男性美容专业人员的发型要求及注意事项。
2. 能够正确梳理自己的职业发型，同时根据礼仪要求，对身边同事的头发护理及发型提出合理化建议。

（王　琦　吴　曦）

任务二　着装礼仪

学习目标

1. 了解着装在美容礼仪中的重要性及着装礼仪的要求。
2. 在工作中能够自觉遵守并保持着装礼仪规范。

情景导入

VIP顾客张女士，上午10点来到某美容院做护理，刚好轮到美容师小李接待。由于小李起床晚了，急匆匆赶来美容院上班，衣服和裤子皱巴巴的，衣服上还有汗渍。头发凌乱，只涂了口红，整体妆面和形象显得很不专业。当小李来到张女士面前向她问好，并准备安排房间时，张女士以更换护理项目为由找来店长，要求更换美容师。店长与顾客沟通后得知是小李的形象原因，让顾客感觉小李不够专业，这样的安排是对顾客的不重视，也不尊重。

请思考：小李的故事，让我们从中受到什么启发？你有过类似准备不足就接待顾客的情况吗？一位专业美容师的仪容仪表及整体形象应该是怎样的？

对美容会所（院）而言，让顾客一进门就看到着装统一、卫生整洁、笑容满面、精神饱满的整个员工团队，必然会给顾客留下一个良好的第一印象，增加顾客对企业的信任感。而美容师是顾客关注最多的角色，其着装礼仪就像是顾客进店后收到的第一张名片，最直观地向顾客"介绍"了企业的服务品质，因此，美容师的着装礼仪对建立顾客信任、树立企业品牌起到非常重要的作用。

一、美容师着装礼仪基本要求

（一）美容师着装整体感官印象

美容师是传播爱与美的使者，从事的是让顾客更加美丽、健康的职业。美容师着装整洁统一，给顾客产生信赖和舒适的美感，有一种"来对了"的感觉。如果美容师着装混乱、外表邋邋遢遢，顾客就会对服务质量产生怀疑。所以，美容师在工作中，一定要注意自己的着装礼仪。对于美容师着装的整体感官印象主要取决于服装款式和服装的清洁卫生。

在日常工作中，美容师应穿公司统一订制的工作服，工作服的款式很多，不同风格的工作服代表着不同公司的形象文化，但大多是简约、干净，而且大方。作为美容师应该时刻保持着装整洁、无污渍、油渍，无皱褶、无缺损；统一佩戴员工卡，让顾客能清晰看到你的名字和工号；不穿高跟和有声响的鞋，身上无异味。

(二) 美容师着装的具体要求

图1-2-1　美容师工作服套装

1. **工作服款式**：首选套装，套装给人的首要印象是整洁、干练。一个团队的套装带给人统一、规范的良好印象，也最能体现美容服务行业的专业度(图1-2-1)。在工作中，美容师穿上套装，会用专业的态度等待顾客的光临，等待为顾客服务。由此也产生强烈的职业荣誉感和责任感，会以更加积极热情的工作态度投入工作。美容师工作服的款式除了套装外，还有比较正式的连衣裙，都能体现美容师的专业性。

2. **色彩柔和**：美容师工作服的颜色应该淡雅、柔和，款式简洁、大方。上下服饰以同色系为主，粉红、白色、鹅黄色、紫色等是常用色系，暗雅色彩往往会使顾客觉得沉重、压抑，感觉气氛严肃，缺乏沟通氛围；而鲜艳靓丽的色调感觉活跃有余，而稳重不足。美容师应展示美丽和健康的外表，工作服的颜色首要的就是要带给人一种轻柔舒适的感觉，让顾客有一种舒适的视觉体验。

3. **长短适中**：美容师的工作服不宜太短，也不宜太长。过短会给人一种轻浮、不可靠的感觉；过长则显得有些拖拉，且不利于工作。女性美容师着套裙时，裙长以到膝盖为宜，着套裤则裤长到脚踝为宜。袖口不宜太宽太长，否则影响操作。

4. **大小合适**：美容师的服装要求不仅要考虑带给顾客美感，更重要的是以工作方便为前提条件，不能太紧身，也不能太肥大。过于紧身，会使美容师不能很好地转动身体，操作受限，动作要领做不到位，严重影响服务质量。过于肥大的工作服，给人没有精神、不严谨、不专业的感觉。

5. **面料舒适耐穿**：美容师在工作中要穿着工作服操作，只有做到勤换洗才能保持整洁美观。因此，面料要透气性能好，质地柔软亲肤，舒适，不易起皱、耐磨、经穿，易洗涤、不易掉色。

6. **鞋袜舒适合脚**：美容师在护理间及周边经常活动，顾客也喜欢在护理间内休息，所以美容师在工作中适宜穿轻便舒适、大小合脚的平跟鞋，配肤色袜，袜口不要露在裤子或裙子之外。不宜穿高跟鞋、响底鞋，保持鞋、袜清洁，无异味。皮面鞋要有光泽、保持干净。

总之，美容师的着装宜简约、大方、得体，充分地体现职业特点和美感，给顾客以美的享受，体现美容会所(院)的企业文化，还要有一定的实用性。

二、美容师着装的注意事项

美容师相当于企业的形象代言人，不只是统一着装即可，应考虑到服务对象对着装的审美、情趣较其他服务行业的要求更高，所以，美容师的服装除了保持整洁、舒适、合体、大方、美观，还应注意以下几点。

（1）一定不能穿吊带、露脐装等太过于暴露或过于招摇的衣服上班。

（2）不得裸背敞胸，穿短裤、背心，卷裤脚，穿拖鞋、凉鞋到工作场所。

（3）忌穿过薄、过透的服装。穿着过透或过度性感，给顾客轻浮、不可信任的感觉，是对顾客的不尊重。

（4）穿着公司统一制服，特别要注意领口、袖口清洁，裤子常洗常烫。口袋不放太多东西，全身服装颜色原则上不超过 3 个色系，胸卡佩带端正。

 任务分析

在美容服务操作过程中，美容师衣服的袖口、衣领、兜口、裤脚和鞋头等地方往往容易弄脏，衣服后背容易被汗液浸渍等。出现上述情况与个人卫生习惯、工作态度以及职业氛围有关。在企业没有严格要求统一着装的情况下，美容师的着装礼仪取决于个人的卫生习惯和工作态度。一般品牌公司都特别重视美容师的职业形象，并将美容师的着装礼仪作为日常工作规范要求，检查美容师的仪容仪表已形成制度，发现影响感观的工作服(颜色陈旧、有破损或有洗不掉的污迹等)则应及时更换。在这样的职业氛围中，美容师容易养成良好的卫生习惯，能够主动做到保持着装干净、平整、无异味。特别是服装颜色以浅色为主的，应该更加注意勤清洁、勤换洗。

 任务准备

1. 教学资料准备：美容师标准着装的图片或视频资料收集(通过国内常用网站在线搜索或现场拍照)。

2. 物品准备：符合着装礼仪要求的美容师工作服、鞋袜(每人一套)、镜子(用于整理着装)。

 任务实施

一、着装体验

(一) 美容会所(院)的现场体验

以"顾客"身份走进不同形象风格的美容会所(院)，感受美容师团队的着装给你留下的第一印象；注意观察着装细节之处，并对照着装规范要求，给以客观评价。

（二）规范着装穿戴

模拟练习，根据自己的身材选择适合的工作服，并尽快掌握穿戴要求。穿戴好以后，务必从上到下把衣服和裤子检查整理好。站立于镜前，仔细检查着装细节，如美容服上的领扣、袖扣是否扣上，腰带是否系好，长袜有无抽丝破损等。

每次穿戴都做到，先检查、再穿戴、再检查。先检查，是拿到工作服要查看服装有无穿戴禁忌（掉扣子、破损、污渍等），服装清洁、完好、平整才穿戴；穿戴好以后，一定要在镜前检查是否符合着装规范要求，如服装穿上身后是否整洁、大小是否合身、细节是否做好等，坚持每天保持规范着装。

二、案例讨论

（一）正面案例分析

（1）展示多家美容企业美容师规范着装的图片，由教师启发学生对其款式和色彩等特点及整体印象进行点评。

（2）对实地走访或通过网络在线搜索获得的美容师着装图片进行对比、分析讨论，选出最受顾客喜欢又适合美容师形象及工作要求的款式。

（二）负面案例分析

对不符合着装礼仪要求、对企业形象和个人专业度有负面影响的着装进行点评，并提出合理建议。

温馨提示

作为美容师，穿着工作服、工作鞋上班，以及注意清洁卫生应该成为一种习惯。工作服穿戴时应注意：①衣服的袖口、衣领和鞋袜等容易弄脏之处，务必保持干净。②口袋放太多东西会影响服装的整体版型。③出现掉色、染色、掉扣子、污垢无法清洗干净等影响美观的情况，应及时更换。④爱护好工作服，保持服装清洁、平整。

 任务评价

（1）根据美容师着装礼仪要求，在网店挑选一款适合传统中医美容保健项目操作，而且舒适、美观、耐用的美容师工作服，要求说明选择的理由及依据。

（2）小案例：美容师小张新换的一套美容工作服，吃饭时不小心将菜汁滴到衣服前面，洗了以后还有一块黄色印迹，你觉得小张的美容工作服是否应该继续穿，并说明原因。

 能力拓展

1. 男士美容师的着装有哪些基本要求？

2. 在美容企业年会上,美容师的着装和平时上班一样吗?作为年会主持人穿什么衣服合适?请说明原因。不同色彩会有不同的心理感觉,根据年会的主题,选择适合的服装。

知识链接

着装的色彩象征

1. 黑色。象征神秘、悲哀、寂寞、死亡,或者刚强、坚定、冷峻等。
2. 白色。象征纯洁、明亮、朴素、神圣、高雅、恬淡等。
3. 黄色。象征炽热、光明、庄严、明丽、希望、高贵、权威等。
4. 大红。象征活力、热烈、激情、奔放、喜庆、爱情等。
5. 粉红。象征柔和、温馨、温情等。
6. 紫色。象征华贵、庄重、优越等。
7. 橙色。象征快乐、热情、活力等。
8. 褐色。象征谦和、平静、沉稳、亲切等。
9. 绿色。象征生命、青春、新生、自然、朝气等。
10. 浅蓝。象征纯洁、清爽、文静、梦幻等。
11. 深蓝。象征自信、沉静、平稳、深邃等。
12. 灰色。象征中立、和气、文雅等。

(潘嘉欢)

任务三　妆容礼仪

 学习目标

1. 了解美容师妆容礼仪在美容服务中的重要性。
2. 熟悉妆容礼仪要点与注意事项，能够在工作中保持精致的职业淡妆。

 情景导入

小颜是一名刚到美容院工作的新手，因为化妆技能不熟练，每天上班前都要花很长时间来化妆，尤其是眉毛总是画不好，看上去不对称，而且生硬。有一天，小颜因起床晚了没来得及化妆，只好素颜来到店里，正好接待一位新顾客张女士，当张女士看到小颜就要求更换美容师。小颜不解，觉得自己的技术不差，张女士是来做护理又不是来化妆的，为什么不要她服务呢？这时，店长让她把化妆包拿过来，说："我来给你化妆"。不到10分钟就化好了，还让其他同事看看小颜好不好看，她们都说感觉精神多了，刚刚那位顾客张女士看到也说她好看。

请思考：①小颜化妆不熟练，你有什么妙招帮她尽快提升化妆技能？②店长为什么亲自给小颜化妆，还让其他同事评价？

 相关**知识**

一、妆容礼仪在美容服务中的重要性

对于现代女性来说，化妆是很普遍的事情。化妆与化淡妆是两个概念，化妆是一门技术，也是一门艺术。在商务礼仪中，化妆讲求的是得体、大方、庄重。得体的妆容是礼貌周到、尊重顾客的表现。妆容礼仪是美容专业人员必须具备的礼仪素养，美容师是为顾客带来美丽和健康的职业，是美容会所（院）的形象代言人，小颜应该明白，要求保持精致的职业淡妆，既是对顾客的尊重，也是给同事和顾客带来美的感觉，同时也增加自己的自信心，以自信且有亲和力的职业形象向顾客展示你的专业素养，是与顾客建立信任最直接而有效的方式。

任务三 妆容礼仪

美容师精致细腻的职业妆容会让顾客赏心悦目,留给顾客的第一印象是深刻而长久的。在工作中,美容师要运用娴熟的化妆技能对自己容貌上的某些缺陷加以修饰,扬长避短、美化容颜,使自己更加光彩照人;能够保持精致的职业妆容,做到及时补妆,不以素颜或残妆待客,这不仅是为了体现自身之美,更重要的是尊重顾客、提升服务价值的需要。如果妆容粗糙、有明显化妆痕迹或不化妆,会让你与顾客之间产生疏远感,甚至是排斥感。小颜由于不化妆而被顾客拒绝,应引以为戒。

化妆技术是美容师职业资格考核内容之一,妆容礼仪是美容师职业形象塑造的基本要求,也是入职美容行业必修的第一课。

二、妆容修饰礼仪

当你完成妆容修饰以后,让人觉得你并没怎么用色,人却更精致、漂亮了。衡量美容专业人员妆容的标准不只是要求化淡妆而已,如眉毛画得漂亮,双眼皮粘好了,而是要从淡妆的效果体现出熟练的专业化妆技术,画出一种有妆似无妆的感觉,整体淡雅得体、肤色色彩柔和,皮肤自然红润的健康质感,让人看起来更加精神饱满、健康美丽。

(一)肤色调整

肤色调整应根据个人皮肤情况,选择与皮肤颜色最为相近的粉底进行打底,这样容易与其皮肤底色协调。调整肤色或遮瑕的粉底要涂抹均匀,厚薄适当,不宜太厚。有的人图方便用手涂抹粉底,容易出现不均匀、卡粉等明显的遮盖或修饰的痕迹。油性皮肤,应适当用一些定妆粉,使用时要注意用量,尽量涂抹得轻薄一些。

(二)五官修饰

五官修饰的原则为扬长避短、力求自然,通过恰到好处的方法强调突出面部五官本来具有的自然美。根据个人的脸型和五官情况,更细心认真地进行眉、眼、唇的修饰,用色与肤色和服装颜色协调,不可用颜色夸张的眼影、口红、唇线。用专业的化妆方法及技巧进行修饰,达到似化非化之效果。看上去像没化妆,但比不化妆更美、更动人。

1. 眉毛:修剪整齐、无杂毛,描画自然、柔和、近发色,原则上以弥补眉毛的不足为主,眉型应适合自己的脸型。

2. 眼妆:眼影以不易被明显察觉为宜,中国人肤色偏黄,淡粉、淡橘、粉紫、杏色会让我们的肤色显得更加健康和亮丽。眼线要描画得自然、清晰、流畅,睫毛膏涂抹要均匀。在睫毛根部上方用咖啡色的眼影画出一条细细的线,有助于增加眼睛部位的立体感和深邃感,眼线不宜画得太粗太浓。

3. 腮红:涂腮红以较淡和弥补脸型不足为基本标准,用粉色的腮红轻扫,看起来像健康皮肤的自然红润,显得精神饱满和具有青春朝气即可。不可过于艳丽,涂抹不均、不对称,看上去有明显化妆痕迹、不自然的感觉。

4. 唇妆:用色自然,与腮红和肤色协调,涂抹均匀、不出线。

三、影响妆容的三要素

美容师的妆容既是服务礼仪的重要内容,也是展示专业性最有效的方式,而娴熟的化妆技术、专业的皮肤保养以及正确选择化妆用品,是影响妆容的关键要素。

(一)化妆技术

服务礼仪要求工作中始终保持精致的职业妆容,有脱妆的情况要注意及时补妆。因此,化妆技术的学习和训练是美容礼仪必修的基础课程,是美容专业人员必备的技能。只有具备娴熟的化妆技术才能够在工作中做到快速修饰、及时补妆,妆容修饰必须从细微处着手,才能达到精致职业淡妆的效果。

(二)皮肤状况

中性皮肤肤质细腻、红润、光滑、富有弹性,较其他类型皮肤的修饰方法简单,且效果理想。如果皮肤粗糙、干燥、暗黑、布满皱纹,甚至有暗疮、色斑等损美性皮肤问题,为调整肤色或遮瑕用的粉底较多,不易涂抹均匀。如果皮肤问题较为严重,再好的化妆技术和化妆品也难以达到自然、几乎看不出化妆痕迹的要求。美容师拥有健康美丽的肌肤是建立顾客信任最有说服力的广告,也是化妆的重要基础条件,因此,美容师更要注意自己的皮肤管理。即便自身皮肤条件好,也要注意保养,延缓皮肤衰老是美容师的职业需要,应成为生活中的一种习惯。

(三)化妆品的选择

化妆品质量好坏及颜色的选择是否恰当,是影响化妆效果的重要因素之一。美容师应根据自己的肤质特征、用专业的眼光去选择适合自己的化妆用品。在品种的选择上要少而精,在颜色的选择上要少而淡,一般质量细腻的化妆品容易上妆,加上娴熟的化妆技能及保养较好的皮肤,才能够达到最佳的妆容效果。

四、妆容礼仪注意事项

了解简洁、淡雅、精致的妆容特点,提升自己礼仪修养的同时,应知道妆容礼仪与注意事项。

1. 淡妆上岗位:上班化淡妆是每个美容师必备的素养,上班应提前化好妆,并立于镜前整理,注意整体效果和细节之处,如粉底是否均匀、眉毛形状、颜色是否对称等。

2. 避免当众化妆或补妆:接待顾客前、操作项目后、进餐后都需要对妆容进行检查整理,有脱妆情况应及时到化妆间补妆。

3. 不借用他人化妆品:化妆品互相借用不符合卫生要求,不可相互借用。

4. 不宜当众评论他人妆容:每个人对化妆技能的熟练程度和审美不同,化精致的淡妆需要有个过程,不要随意评论同事或顾客的妆容。

任务三 妆容礼仪

 任务分析

很多人入职美容行业以前,即便对化妆有一定了解,但在细节上也没太注意,潜意识里认为化淡妆容易,就是用色浅淡、自然,并不知道在工作中随时注意整理妆容的意义所在。实际上,妆容礼仪不仅仅是我们所理解的服务人员的行为准则,让自己变得更美,其作用是树立企业品牌形象,进而提升服务的价值,为企业带来利益。

精致的淡妆是要经过严格规范的训练才能掌握,美容会所(院)将妆容礼仪作为员工入职培训的重要内容之一,采用集中强化训练方式,能够让新员工从思想上高度重视,并认识到妆容礼仪是职业形象塑造的基础,技能提升较快。在职业环境的影响下,能够将整理妆容逐渐成为一种习惯。在学校通过"化妆"课程的学习,学习者仅仅学会了化妆的基本手法,但对妆容礼仪的重要性缺乏感性认识,技能训练的主动性不强,化妆技巧还有待在岗位实践中进一步提升。

 任务准备

(1) 根据妆容礼仪要求,选择一套适合自己的化妆用品。

(2) 通过美容服务中对妆容礼仪重视的正面、反面案例的比较学习,加强对妆容礼仪重要性的认识。

 任务实施

1. 学会化妆基本技能:通过在校学习或自学等形式,了解化妆基本知识和基本技能。在老师的指导下,反复进行职业淡妆基本技能训练,逐步达到熟练掌握的要求;能够根据自己的皮肤类型,正确选择化妆品和化妆用具,并按上岗要求进行妆容修饰。

2. 学习皮肤管理知识:通过皮肤基础知识的学习,掌握皮肤的类型及特点、化妆品的选择及使用方法等;根据不同季节,能够选择适合自己皮肤类型的化妆品,用科学的方法管理好自己的皮肤,特别要注意化妆后皮肤的清洁及保养,使自己皮肤保持良好的健康状态。

3. 入职培训:以新员工入职培训形式,学习企业文化,了解企业着装的色彩元素,进行淡妆技能技巧训练。在掌握职业淡妆化妆技能的基础上,按照服务流程及服务礼仪要求,进行妆容整理练习,直至逐步形成工作中的一种习惯。

4. 妆容礼仪案例讨论:对妆容礼仪正面、反面案例进行讨论分析,以巩固妆容礼仪学习效果,真正体会精致的职业淡妆既是职业形象要求,更是一种对他人尊重的礼仪,是个人职业素养的展示,是美容专业人员必不可少的专业素质。

 任务评价

1. 分组评价:按照妆容礼仪要求,化淡妆、整理自己的妆容需要多少时间?整理好妆容再对照表 1-3-1 给自己打分,看看能得多少分。

1-13

美容礼仪

表 1-3-1 妆容礼仪技能训练评价表

组别	内容	要　点	互评	自评	教师评
第1组	眉毛修饰	1. 眉毛描画自然，眉型适合脸型 2. 眉色与肤色、发色、妆色协调 3. 浓淡适宜，左右对称，无生硬感			
第2组	底妆	1. 涂抹均匀，厚薄适中 2. 底妆与肤色协调 3. 妆面自然、润泽			
第3组	眼部修饰	1. 眼影柔和，与肤色、妆色、服装色协调 2. 眼影晕染过渡自然、细腻，增加眼部神采 3. 眼线自然、柔和，线条整齐流畅，与眼影协调 4. 睫毛修饰后自然上翘，睫毛膏涂刷均匀			
第4组	涂腮红	1. 较好地表现健康状况，效果自然 2. 腮红与肤色、妆色协调			
第5组	涂唇膏	1. 唇型符合妆型特点 2. 唇色与肤色、妆色、服装色协调 3. 唇型左右对称			
第6组	整体效果	妆面衔接自然，没有卡粉、浮粉			

2. 找问题：如果从化妆到整理妆容不能在30分钟以内完成，甚至花费1小时以上，针对这个问题如何改进？分析一下被扣分的原因，如何补救？

能力拓展

1. 能够熟练进行妆容修饰技巧示范，帮助新员工尽快提升化妆技能。
2. 男士工作妆修饰及化妆品的选择。
3. 帮助他人选择适合的化妆品，讲解妆容礼仪要点与注意事项。

（王　琦　吴　曦）

任务四 微笑礼仪

  学习目标

1. 掌握微笑礼仪的基本要领,能够认识到美容行业微笑服务的价值。
2. 在工作中能够调节好自己的情绪,保持积极向上的阳光心态,展示魅力微笑。

  情景导入

当年美国旅馆大王希尔顿得意扬扬地向他的母亲报捷,老太太却对儿子说:"除了对顾客诚实以外,还要想办法使每一个入住希尔顿饭店的住过了还想再来。你要想出一种简单、不花本钱而行之久远的办法去吸引顾客,这样你的饭店才有前途。"希尔顿冥思苦想了很久,于是他以顾客的身份去感受一切,终于得到一个答案:微笑服务,只有微笑服务才能发挥如此大的影响力。

希尔顿提出经营旅馆的四大信条:微笑、信心、辛勤、眼光。他要求员工按照此信条实践,即使非常辛苦也必须对旅客保持微笑,就连他自己都随时保持微笑。他无论走到哪,问员工的第一句话总是那句名言:"你今天对客人微笑了吗?"

请思考:希尔顿母亲对他提出的建议给服务行业的启迪是什么?微笑礼仪对做好服务有如此大的影响力?你的微笑顾客满意吗?

希尔顿旅馆生意如此之好,财富增值如此之快,其成功的秘诀之一就是服务人员的"微笑的影响力"。微笑是一个人内心真诚的外露,具有难以估量的社会价值,也可以创造难以估量的财富。正如卡耐基说:"微笑,它不花钱,却能带来财富。它使人感到富足,而付出的人也不会变得贫瘠。它在一刹那间产生,却给人留下永远的记忆"。

一、微笑在美容服务中的作用

在我们的工作和生活中,无论是面对客户、同事还是家人,甚至是陌生人,我们都应

该以微笑的态度对待,体现最真诚的相互尊重与亲近。一个自然真诚的微笑,让彼此之间的距离近了很多,微笑是国际通用语言。从希尔顿饭店以及国内美容行业中一些成功案例可以看到,微笑礼仪对于促进服务事业的发展投资最少、回报最大,正因为如此,倍受重视和应用。

(一) 微笑为服务增值

在美容服务中微笑礼仪的含义是对顾客的诚意和爱心。微笑不仅体现了自身较高的礼貌修养和职业素质,更主要的是体现对顾客的尊重与热情。只有对顾客尊重,才能得到顾客的尊重,才能使服务在良好的气氛中进行。微笑礼仪是吸引顾客最好的方法之一,如果顾客从进店到离店,我们能始终面带微笑为她服务,让顾客有宾至如归感,满足了顾客的精神需求,必然会赢得顾客的满意,为美容会所(院)的服务增值。

(二) 微笑提升竞争力

美容行业发展至今强手林立,要想在激烈的竞争中占有一席之地,优质服务至关重要,而发自内心的微笑,又是其中的关键。微笑礼仪在给服务工作带来便利的同时,也给员工自身带来成就感,这种成就感有利于员工自身的身心健康,以积极的心态去服务于顾客,从而提升服务质量和企业品牌形象。因此,很多美容企业将微笑礼仪视为提升竞争力的法宝,借鉴"空姐"训练方式来训练员工的微笑、行为举止,以塑造规范的职业形象,赢得顾客良好的口碑和声誉,从而提升了企业的竞争力,为企业创造更高的经济效益和更好的社会效益。

(三) 微笑的魅力

顾客的情绪会受到服务人员情绪的影响,当你以最佳的"微笑表情"服务于顾客,自然而然地会使用温和的语气和礼貌用语,引发顾客发自内心的好感。微笑着欢迎顾客光临、赞扬顾客会使她感到你的真诚;微笑着欢送顾客,会让顾客感到你的诚意;微笑着说明因工作的失误给顾客带来的不便,容易得到顾客的谅解;微笑着处理顾客投诉,表达你的歉意,会让顾客平息怨气,有利于解决问题。反之,当你心情不好、没有控制好情绪时,表现出一副愁眉苦脸的样子,语气、语速也会随之发生变化,正好遇上顾客来投诉的时候,只会火上加油,不利于问题的解决。

二、微笑礼仪的具体要求

微笑是一种动态表情,而不是在某个瞬间最美微笑的定格。微笑也是一种个性化的表情,每个人要训练自己打动人的微笑。不是尝试露出几颗牙,嘴角上提到几度位置,眼睛变化成哪种形状,而是要发现自己最美的瞬间,展现自己独特的气质,自信、真诚地去微笑。微笑是内心情绪的自然流露,要亲切、自然、诚恳、发自内心,切不可表现为"职业化的微笑"。微笑是多部位协调的动作表情,笑是人们的眉、眼、鼻、口、齿以及面部肌肉协调、共同完成的动作,要注意整体配合。微笑要适时、适地、适度。微笑是对顾客的尊重和友好,但要恰当,注意环境氛围,适度表现。

三、微笑的前提

在美容服务中,给顾客良好的第一印象,源于美的职业形象,更重要的是服务人员微笑的面部表情。保持微笑,既是实现主动、热情、耐心、周到、细致、文明服务,满足顾客的精神需要,同时也是员工爱岗敬业、阳光和自信的表现。微笑让员工处于一种轻松愉悦、思维活跃的状态,能够创造性地解决与顾客交流沟通的问题,提高工作效率。相反,如果神经紧紧绷着,只会越来越紧张,以至于产生消极、抱怨情绪,影响企业形象。

微笑的前提是:①有良好的心态。良好心态是微笑礼仪的基础,是自信、阳光、有亲和力的外在表现。美容企业的员工应积极、主动地面对工作中遇到的压力,尽量避免产生不良情绪。②有规范的培训。做到适时、适地、适度保持微笑不是与生俱来的,要经规范训练才能掌握微笑礼仪的方法技巧。③有制度的配合。在工作中保持魅力微笑,要有相应的制度配合,起到督促和约束作用,使员工在任何状态都会坚持微笑。这样长期坚持就会形成一种习惯,才能主动自然地微笑。

四、微笑礼仪

微笑和眼神是无声的语言,传递的是情感和信息,以美容师为例,在美容服务中,美容师的微笑与眼神都必须符合规范微笑礼仪的要求。

(一)微笑礼仪要求

1. 仪容仪表:着装整洁、妆容精致、仪表端庄、精神饱满。
2. 面部表情:真诚、甜美、亲切、善意、充满爱心;口眼结合,嘴唇、眼神含笑;热情适度。
3. 声音语态:声音清晰柔和,甜美悦耳有感染力,语速及音量适中,让顾客听得清楚又不过大,语调平和,态度诚恳,语句流畅,语气不卑不亢。

(二)微笑标准

1. 微笑程度:一个简单的微笑可消除与顾客之间的陌生感,使顾客在心理上产生安全感、亲切感,留下良好的第一印象,微笑的程度分以下3种情况。

一度微笑(嘴笑):微笑时嘴角肌上提,有浅浅的笑意而不露齿。距离顾客较远(5米),或对于陌生人的点头问好,远距离的迎接等候。

二度微笑(眼笑):微笑时嘴角肌、颧骨肌同时运动,下巴放松。距离较近(3米)的交谈中,用二度微笑传达友好并让人觉得受到尊重。

三度微笑(眉开眼笑):微笑时嘴角肌、颧骨肌、眼周括纹肌同时运动。这是微笑的最高境界,一般会露出6~8颗牙齿,保持10秒后恢复原来的状态并放松。近距离(1米)微笑问候,交流成功,送客时可以采用三度微笑。但最终露不露牙,可根据自己嘴型与牙齿状况决定。

2. 主动微笑:在你开口说话前与顾客目光接触的同时,主动微笑,创造一个友好热情的气氛和情境,必然会赢得顾客满意的回报。如果顾客微笑在先,必须马上还以礼仪微笑。

3. 微笑最佳时间长度:以不超过7秒为宜,时间过长,给人傻笑的感觉。

4. 微笑最佳启动时间：当目光与顾客接触的瞬间,目视对方启动微笑。对熟客可启动二度微笑。但微笑的启动与收拢都必须做到自然,切忌用力启动和突然收拢。

(三) 微笑眼神

1. 目光友善：眼神柔和,亲切坦然,自然流露真诚。目光正视顾客,不可左顾右盼、斜视、盯视,或心不在焉。切记,要注意目中有人,和顾客交谈的时候要养成注视对方的习惯。

2. 注视时间：目光相对一瞥而过,迅速转向面部,停留5～7秒,不可长时间盯视。

3. 注视位置：注视两眼及其头额部范围之内(图1-4-1),造成一种平等、亲切和轻松的气氛,有利于双方交流。微笑时两眼注视位置的不同姿态如图1-4-2。

图1-4-1 平等、亲切、轻松的微笑

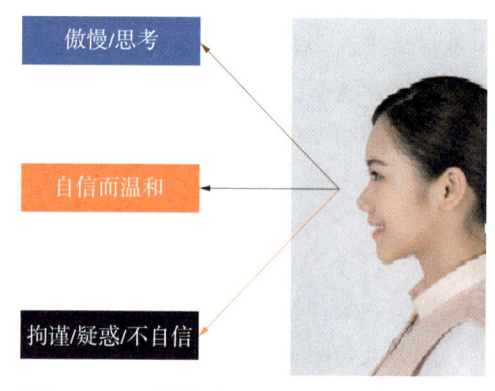
图1-4-2 微笑时两眼注视位置的不同姿态

(四) 微笑礼仪的技巧及要点

保持积极乐观的心态,妥善处理好生活和工作中的各种问题,忘掉一些烦恼和不快,上岗后及时进入角色,随时提醒自己保持愉快的心情,和顾客进行感情交流,有感情地进行服务,微笑才会真实,发自内心。遇事沉着冷静、不大悲大喜。如果微笑时光露牙齿或抿嘴微笑而目光不配合,显得不真诚。

1. 勤于训练：常照镜子,观察自己微笑的神态、表情和口型是否好看,是否适度。然后,根据自己的笑容调整最适合自己特点的微笑,反复练习,使之成为习惯表情。

2. 内心真诚：心态平和,发自内心真诚地微笑,自然会从眼神流露出来,就会给人以诚心诚意的感觉。

3. 收放自如：根据与顾客的距离和熟悉的程度,把握好分寸,微笑适度,收放自如,才能更好地表现微笑的魅力。

 任务分析

美容行业提倡的微笑是一种内心真诚的外露,是健康的性格、乐观的情绪、良好的修养、热情周到、让顾客满意的服务信念等几种心理基础素质的自然流露,而且应在工作中始终保持。对于美容师来讲,为顾客服务的过程中,与顾客近距离接触时间较其他服务行业的时间更长,工作中的压力也不可避免,保持微笑应以心态调整为前提。心态

任务四 微笑礼仪

的调整与微笑有着非常大的关联,心态不好,仅仅训练微笑动作,微笑就显得僵硬,让人感觉太假。美容企业对员工微笑礼仪的训练,以发自内心、真诚、显得轻松自如的微笑为目标。注重微笑氛围营造,如学会感恩,以感恩的心去面对工作、面对顾客,在这个前提下,微笑服务才能做到位。带有不良情绪勉强的微笑,没有真情流露,看起来是皮笑肉不笑的干笑。大家熟悉的空姐,她们的微笑不是与生俱来的,是需要经过严格的训练才会养成的一种习惯。

任务准备

1. 心态调整:阳光心态,乐观情绪。
2. 物品准备:镜子、相机或手机(拍照用)。

任务实施

一、认识微笑意识表现的偏差

我们已经知道微笑在美容服务中的重要性,保持微笑表明心情好,充满自信,真诚友善,乐业爱岗。但现实中不是每个人都爱笑,爱笑的人,擅于处理好工作和生活中遇到的不愉快。不爱笑的人,笑不出来的理由很多:如对上级、同事和熟人微笑容易,对陌生人微笑难;顺心时微笑容易,不顺心时难;短暂的微笑容易,长时间微笑难。微笑礼仪训练前要正确认识微笑意识表现的偏差,如果微笑意识淡薄,对微笑训练不屑一顾,就不会主动寻找自己的"最佳微笑",在工作中也不会主动微笑。只有认真严格地进行微笑礼仪训练,才能完美地体现微笑的魅力与眼神美的技巧运用,以从容的微笑去面对顾客。

二、心态调整

每个人在日常生活和工作中都不可能事事如意,难免会有紧张、忧郁等不良情绪,不良的情绪会相互影响,在心情不好的时候,待人接物会缺乏耐心和诚意。因此,要保持微笑就要尽量避免产生不良情绪,当遇到不顺、烦恼的事情,不要抱怨,用积极的态度调整好自己的心态。

1. 学会换位思考:顾客是为了美丽而来,是来享受的,如果看到热情甜美的微笑,会感到放松愉悦。相反,看到美容师愁眉苦脸,没有笑容,会感到不舒服。站在顾客的角度思考,尽量避免不良情绪产生。

2. 张弛适度,灵活应对:当工作繁忙时,用工作的间隙作短暂放松,想象过去或将要发生的一些美好的人和事,避免产生消极情绪。遇到不愉快的事情影响心情的时候,不妨找自己的好朋友进行倾诉,及时宣泄,才会心情愉悦。

3. 转移注意,放松心情:偶尔情绪不好的时候,可以采取转移注意力的办法。如站在窗户前面看一看风景等,放松心情,让自己情绪好起来,避免让这种不良的情绪相互影响。

总之,要保持积极健康的情绪,以阳光乐观的态度去对待工作,让你的工作和生活

也充满阳光,让别人感觉到你的活力,这样才能把真诚的微笑自然地表现出来。

三、强化微笑意识

不可否认,微笑礼仪是优质服务的基本内容,是自信、阳光、规范、亲和力的外在表现。微笑看似简单,但作为微笑服务的礼仪规范要求,需要认真对待。很多初入职场的新手不屑于"微笑",认为做完工作就行,没有必要那么客气,甚至认为"微笑"是讨好顾客,只要美容技术好就行了。其实不然,对多数人来讲,需要强化微笑礼仪的重要性、微笑的标准。只有在思想上引起重视,才会坚持训练,直到找到适合自己特点的"最佳微笑"并形成习惯。

四、微笑礼仪规范训练

1-4-1 微笑训练

微笑训练的目的,是掌握如何将自己最佳微笑、仪态举止与礼貌协调表现的方法及技巧。

根据微笑的分类,可以根据自身情况有针对性地进行训练。自己检查一下,自己会几度微笑。如果你会三度微笑,你不需要花多少时间去专门训练,因为你基本掌握了微笑的这种能力。如果你只会一度微笑或者一度微笑都不自然甚至根本不会微笑,那么你就需要花些时间来训练一下。

微笑礼仪的训练方法是动静结合,无论哪种方法,每次训练需要保持一定时间,反复多次对镜训练,找到最为满意的最甜美的微笑。

1. 对镜训练法:端坐镜前,衣装整洁,以轻松愉快的心情调整呼吸自然顺畅;静心3秒后开始微笑,双唇轻闭使嘴角微微翘起,面部肌肉舒展开来;同时注意眼神的配合,使之达到眉目舒展的微笑面容。如此反复多次。为了使效果明显,可播放欢快节奏的背景音乐。自我对镜微笑训练时间长度随意。

2. 情绪诱导法:情绪诱导就是设法寻求外界的刺激,以求引起情绪的愉悦和兴奋,从而唤起微笑的方法。诸如,打开你喜欢的书页,翻看使你高兴的照片、画册,放送你喜欢的、容易使自己快乐的乐曲等,以期在欣赏和回忆中引发快乐和微笑。有条件的话,最好用摄像机摄录下来。

3. 记忆提取法:据说这是演员在训练中常采用的一种方法,也被称为"情绪记忆法"。就是将自己过去那些最愉快、最令人喜悦的情景,从记忆中唤醒,使这种情绪重新袭上心头,重享那惬意的微笑。

4. 观摩欣赏法:这是指几个人凑在一起,互相观摩、议论,互相交流,互相鼓励,互相分享开心微笑的一种方法。也可以在平时留心观察他人的微笑,把精彩的瞬间封存记忆中,时时模仿。

5. 含箸法:这是日式训练法。道具是选用一根洁净、光滑的圆柱形筷子(不宜用一次性的简易木筷,以防划破嘴唇),横放在嘴中用牙齿轻轻咬住(含住),以观察微笑状态。

6. 他人诱导法:这是指同学之间互相通过一些有趣的笑料、动作引发对方发笑。

7. 口型对照法:通过一些相似的发音口型,找到适合自己最美的微笑状态。如

"一""四""七""茄子""呵""哈"等。

8. 习惯性伴笑：强迫自己忘却烦恼、忧虑，假装微笑。时间久了，次数多了，就会改变心灵的状态，发出自然微笑。

9. 驱使微笑法：驱使自己微笑，如果你是单独一个人，驱使自己吹口哨或哼一首歌曲，表现出你似乎已经很快乐。因为行为和感觉是并肩而行的，如果我们不愉快的话，要获得愉快的主动方式是愉快地做起来，而且言行都好像是已经愉快起来。同时整体面部表情放松，保持脸颊（苹果肌）饱满，眉头舒展，外眼角微微上提，眼窝内收成为眼中带笑，从眼睛里能够读到亲切、清澈、柔和、善意的感觉。

五、微笑礼仪提升训练

有了微笑基础后，针对如何运用微笑与眼神的技巧，充分体现微笑的美感，配合微笑服务的站姿、走姿、坐姿和手势等仪态举止礼仪的标准动作进行实战练习。

1. "最佳微笑"形成：先观看迎送顾客的情景视频，调整好心情，在美容师休息室对着镜子，练习"您好""欢迎光临""再见，请慢走"等迎送顾客的礼貌用语。其他员工在一旁观察，并不时地进行提醒。反复体会和练习"最佳微笑"，直到对这种表情完全习惯，彻底掌握为止。

2. 修正微笑：经过严格、认真训练以后，以"微笑定格"方法，修正微笑，使微笑更完美。如把与同事打招呼或迎送顾客等实战练习的真实表情录下来，然后通过视频了解实际情况并与微笑礼仪的要求进行对比，从细节上去修正，如自己打招呼、问候的时候，是否能够迎着对方的视线，是否微笑，微笑是否自然。针对存在的问题，给予修正并反复练习。直到不需要对着镜子或其他道具，能随时随地地达到最佳微笑状态。

六、微笑礼仪练习的注意事项

1. 眼神与目光练习要点：①注意眼神的集中度。不是用目光聚集在顾客脸上的某个部位，而要用眼睛注视顾客脸部三角部位，以双眼为上线，嘴为下顶角，即双眼和嘴之间。②眼神的光泽度。精神饱满，眼睛有神。③眼神的交流度。迎着顾客的眼神进行交流，传递你对顾客的尊重和友善。④目光要自信，不宜直视，以看到对方鼻尖为宜。不可向上或向下，要平视。

2. 注意微笑三结合

（1）要和眼睛结合。眼睛会说话，也会笑。当嘴巴微笑的时候眼睛也要"微笑"，眼睛的笑容有两种：一是"眼形笑"，二是"眼神笑"。当内心真诚、亲切、充满友爱的时候，那眼睛的笑容一定是非常感人的。否则，给顾客的感觉只能是"皮笑肉不笑"。

不妨试试这样的方法：用一张纸遮住眼睛下边部位，对着镜子，心里想着最使你高兴的情景，整个面部就会露出自然的微笑。此时眼睛周围的肌肉也是微笑的状态，这是"眼形笑"。然后放松面部肌肉，嘴巴也恢复原样，可目光中仍然含笑看着镜中的自己，这就是"眼神笑"的境界。学会用眼神和顾客交流，使你的微笑更传神、更亲切。

（2）要和礼貌用语结合。不要光说不笑，要微笑着说"您好""欢迎光临""早上好"等礼貌用语。

（3）要和身体的结合。微笑要与正确的身体语言相结合，才会相得益彰，给顾客以最佳的形象。

切记：微笑要缓缓收住，避免戛然而止；两侧的嘴角要两边一齐上提，露出多少牙齿因人而异，避免露出过多牙龈，表情僵硬微笑。

 任务评价

（1）根据微笑礼仪规范的要点，完成表1-4-1。

表1-4-1 微笑礼仪规范

部位	要　点
面部	神态： 情绪： 精神： 程度： 肌肉：
眼部	神情： 目光： 注视：
嘴部	嘴角：

（2）魅力微笑展示，相互评价并针对存在的问题提出修正建议。

情景一：新客到店，微笑着说"欢迎光临。""请问我能帮您什么？"

情景二：面对老顾客，微笑着说："您好，很高兴能为您服务。"

 能力拓展

1. 从下面的故事中你得到了哪些启发？

微笑的魅力

美国钢铁大王卡耐基说："微笑是一种奇怪的电波，它会使别人在不知不觉中同意你。"在一次盛大的宴会上，一个平时对卡耐基很有意见的商人在背地里大肆抨击卡耐基，他并不知道卡耐基正站在人丛中听他高谈阔论。这使得宴会主人很尴尬，而卡耐基却安静地站着，脸上挂着微笑，等到那位抨击他的人发现他时，感到非常难堪，正想从人群中钻出去。卡耐基的脸上仍然堆着笑容，走上前去亲热地跟他握手，好像完全没听见他说自己坏话似的。后来，此人成了卡耐基的好朋友。

任务四 微笑礼仪

2. 案例分析与讨论：对于美容师来说，在平时的工作中，常常也能够听到这样的抱怨："又是免费服务……""今天我才2位顾客，而且有1位还是免费服务，真没意思。而某某就有5位顾客……"当美容师带着这种消极、抱怨的情绪时，往往会忽视微笑服务的重要性，面对顾客不微笑或勉强地笑，对于这种情况你有哪些建议？

（梁　冰　殷秀娟）

任务五　个人卫生礼仪

学习目标

1. 明确美容专业人员个人卫生礼仪的重要性。
2. 掌握美容专业人员个人卫生礼仪的基本要求。
3. 严格执行美容服务流程中的卫生礼仪规范。

情景导入

小媛是某美容院的店长，近来常听顾客议论，她所在的美容院是多么不注意卫生。为此，小媛对店里的卫生状况进行了大力整治。通过经常组织员工打扫美容院，整个美容院看起来干净整洁，一尘不染。但是依然听到了相似的议论，特别是对新来的美容师小张、小王的卫生问题议论较多。后来，向顾客打听才知道，主要是她们的外表及个人卫生不像一个能让顾客变美的美容师，由此也导致接单量越来越少。对此小媛十分着急。

请思考：消费者提出的卫生问题到底出在了哪里？为什么新来的美容师小张、小王的接单量越来越少？根据美容师个人卫生礼仪要求，尽快帮助小媛解决苦恼。

相关知识

一、美容服务个人卫生礼仪的重要性

作为一个塑造美的行业，美容专业人员的个人卫生形象举足轻重，它不仅体现了行业的基本职业要求，同时也代表着所属企业的品牌形象。而在企业形象要素中，美容专业人员的个人卫生细节是体现企业服务理念及品牌效应的软实力。留给顾客一个好的印象，让客户满意，不仅仅是整洁统一的工作服、高档光鲜的装修能解决的。一支训练有素、卫生达标、举止得体、礼仪规范的美容专业人员队伍是每个企业和客户都渴求的。

在美容服务过程中，求美者是"健康所系、美丽相托"。她们几乎是将自己的"全身心"都交给了美容师。尽管生活美容的大部分服务项目不需要做到无菌，但是各项操作

任务五 个人卫生礼仪

必须做到规范、清洁、消毒,所有床上用品、顾客服饰、鞋子等应做到一客一换一消毒,所有服务流程中的用品、仪器都要清洁消毒,避免交叉感染。美容师要做到时刻全心全意服务于顾客的"健康美"和"安全美",应熟知各项服务流程及服务操作中规范的卫生标准要求,配合上适当的肢体语言,使顾客在视觉、听觉、感觉、嗅觉、触觉,以及身心都得到全方位的舒缓和放松,这是专业美容服务的硬核技术要求,也是对职业的敬畏、对工作的担当,更是让顾客倍感尊贵的礼仪价值所在。

二、美容服务个人卫生礼仪的要求

在美容专业人员职业形象中,应引起重视的个人卫生礼仪通常有面部、头发、口腔、手臂、服饰、体味等 6 个方面。

(一)面部卫生

1. 清洁卫生:美容专业人员的面部卫生状况是最具说服力的广告。美容专业人员面部皮肤要洁净、润泽,必须精心护理。首先做到勤洗脸,使之洁净清爽,无汗渍,无油污,无泪痕,眼部无分泌物。平日应加强面部护理,如果有黑头和粉刺等应及时清除,注意皮肤的清洁和养护。

2. 淡妆上岗:工作时美容专业人员应化精致的淡妆,最忌脱妆或浓妆(详见本教材"妆容礼仪")。

(二)头发卫生

从审美角度来看,头发是决定人体容貌美与丑的重要因素,干净顺滑、不干枯无开叉的头发是人体健康的标志。

1. 定期洗护:美容专业人员应做到勤梳理,经常洗发。经常梳理头发,能促使头皮的血液循环,保持良好状态;经常洗护头发,能养护头发,消除异味,还能清除头皮屑和异物。一般 3 天左右清洗 1 次为佳,目的是始终保持头发不油腻,无头皮屑,无汗味。如果要染发,尽量选择自然柔和的颜色,避免怪异色和夸张色。

2. 发型标准:美容专业人员的发型要适合面型特点。留长发者,工作时要束发(详见本教材"发型礼仪")。

(三)口腔

1. 口气清新:由于美容专业人员要经常与顾客近距离接触,因此必须保持口气清新。切勿出现口腔异味。如有口臭,可以用漱口药水漱口,以消除口臭,定期做口腔检查;如患有口腔疾病,应及时诊治;若有胃肠功能不好、气味污浊的,应及时进行调理。

2. 饮食禁忌:工作前不吃葱、蒜、韭菜等异味食品,饭后要及时漱口或刷牙。不吸烟、不喝酒,以保持工作时的口气清新。必要时可随身携带口香糖(给顾客服务中不要嚼口香糖),为顾客服务时必须戴口罩,以免把气呼在顾客脸上。

3. 佩戴口罩:美容护理操作时必须佩戴口罩。合格的口罩应大小合适,能遮住口、鼻;使用时注意口罩清洁,一次性口罩不可反复使用,注意一客一更换;棉纱口罩不使用时可将其装入干净袋中备用,不可挂于耳上、胸前或放入不洁净的口袋中。

（四）手部卫生

手对于女性来说，是第二张脸，因而需要细心呵护手部皮肤，要始终保持手部的清洁卫生，这两点关乎美容专业人员的个人形象及服务质量。

1. 手部护理：美容专业人员要加强手部皮肤护理，随时保养双手，保持手部皮肤细腻，不得有脱皮、硬茧、干裂、肉刺等，经常使用护手霜，必要时每周做一次手部日常护理，如去角质、修肉刺、上手膜。

2. 卫生消毒：由于手部直接接触顾客皮肤，清洁消毒双手最重要。应保持手部清洁，工作前后、厕后要洗手，勤剪指甲，工作时不可涂指甲油。操作前，先清洁双手，再用酒精消毒双手；操作途中接触过其他物品，如仪器、护肤品盒、瓶、面盆等，也要先消毒后再行操作。每次做完护理后要彻底清洁，特别是做完文饰术后更要消毒双手，以免交叉感染。

3. 指甲修剪：美容专业人员不能留长指甲，容易碰伤顾客的皮肤，并且甲缝易藏存污垢。因此，要经常修剪指甲，保持光滑无刺。在清洗双手时，要注意清洗指甲，并清除甲缝的污垢。美容专业人员操作时不能戴戒指、手链、手表，不能涂指甲油。

（五）服饰卫生

1. 服装卫生：服装要整洁、卫生、舒适、合体、大方，配饰不可珠光宝气、过于夸张；工作服要勤换洗、消毒和熨烫，保持清洁平整，无污迹和异味（详见本教材"着装礼仪"）。

2. 鞋袜卫生：美容专业人员的鞋袜必须舒适、合脚，保持清洁无异味，袜子应每日更换，袜子颜色要与鞋子、服装整体色彩协调，袜口不要露在裙摆和裤脚外面，不能穿破损的袜子；工作场合不得穿凉鞋、拖鞋和高跟鞋。

（六）体味

工作场合中，美容专业人员与顾客多数时间都是近距离接触，因此，管理好自身的体味，是美容专业人员不容忽视的细节。

1. 不能是"怪味工厂"：应养成良好的卫生习惯，为顾客服务前一定要保持口气清新，身体无异味。工作前尽量少吃或不吃易产生异味的食物，养成饭后刷牙的好习惯；勤洗澡、勤换衣、勤换袜子和鞋，保持清洁，避免身体上发出汗味或其他异味。

2. 也不能是"香味工厂"：香水最原始的功效就是消除体味，因此，选择香水的重要原则是中和体味。通常，同一种香水用在不同人身上，所散发的味道会迥然不同。这是因为每个人身上有着与生俱来的体味。美容专业人员尽量选择气味清新淡雅的香水，以防各种气味的混杂，影响整体美感。忌用过量香水，忌用刺激性强的香水。

任务分析

美容专业人员在工作中，有时出现头发油腻、不化淡妆、工作服不整洁等问题。一是由于美容会所（院）卫生管理不严格；二是美容专业人员对个人卫生礼仪的重视程度不够，没有充分认识到个人卫生礼仪既是个人日常生活习惯的体现，也是个人内在修养的展示，更是一个人职业精神的外在表现。

任务五 个人卫生礼仪

美容专业人员严谨规范的个人卫生礼仪,既可以给顾客带来被尊重和被重视的心理感受,还可以给企业留住客源,带来社会效益和经济效益。

 任务准备

1. 教学资料准备:准备美容服务中重视个人卫生礼仪的正面、反面案例及形象图片,以备学习者领悟美容服务个人卫生礼仪的重要性。

2. 物品准备:准备美容服务前、中、后保持个人卫生所需的用品。如一套简易齐全的彩妆、发网、发圈、指甲剪、护手霜、75%酒精消毒液、一次性口罩等。

任务实施

一、美容服务个人卫生礼仪重要性的分析

1. 秉承"顾客至上"原则:求美者是美容企业的"上帝"和"衣食父母",美容服务都应秉承"顾客至上"的原则,以礼相待,高度负责。应以精湛娴熟的技艺、严格规范的卫生操作标准,维护顾客的身心健康,避免交叉感染。这既是企业的使命,也是美容师的职责所在。

2. 讨论重视美容专业人员个人卫生礼仪的正面、反面案例:分析个人卫生礼仪的重要性及为什么要重视个人清洁卫生,逐渐领悟清洁卫生既是一种个人健康生活习惯的养成,也是美容专业人员必不可少的专业素质。美容专业人员用优质的服务、规范的个人卫生礼仪赢得顾客信赖的同时,也可为企业赢得品牌效应。

二、美容专业人员个人卫生标准训练过程和方法

1. 跟我学——教学示范:学习者在教师的示范下,按照下列步骤进行美容服务个人卫生礼仪训练。

步骤一:检查妆容(包括底妆、眉妆、眼妆、唇妆)、发型(根据不同美容企业的自身要求,无碎发外露现象即可)。

步骤二:检查服装,无"脏、露、透、短、紧"等情况。

步骤三:检查指甲,长度不超过1毫米。

步骤四:检查戴口罩,应大小合适,能完全遮盖住口、鼻。

步骤五:检查手部卫生,操作前是否先按七步洗手法进行了手部清洁,是否用75%酒精棉球消毒双手。

1-5-1
个人卫生
训练

2. 跟我做——情景模拟:按美容师个人卫生礼仪要求,模拟美容会所(院)真实情景,分小组进行个人卫生礼仪检查,将检查过程及结果拍成视频或图片。

三、美容服务个人卫生礼仪的分析

在领会美容专业人员个人卫生礼仪重要性的基础上,按照"干净、整洁、规范、美观"的基本卫生要求,对美容服务前、中、后3个环节中的个人卫生礼仪进行自查和监督。

1. 服务前个人自查卫生达标情况：穿好工作服，戴好胸牌，整理好头发，摘掉一切有碍工作的配饰如戒指、手环等，戴好口罩；检视指甲长短，按照七步洗手法用流动水冲洗双手，准备各种服务用品和美容床位。最好在美容护理开始之前告知顾客，各种服务用品都做到了清洁消毒和一客一换，并当着顾客的面（或告知顾客）用75%酒精消毒双手，随后方可开始工作。

2. 服务中保护求美者的卫生要求：最好用一次性洁面巾，洁面的水应换2～3次。凡是用到的修眉刀、盆、瓶及各种仪器的头、刀等都应严格按要求进行清洁和消毒，以免污染和交叉感染。工作中可与顾客交流各步骤标准、卫生的规范做法，取得顾客信任。

3. 服务后检视和反馈工作满意度：护理结束后，整理服务用品，进行清洁与归类，征求顾客意见和建议。自查自纠，全程是否戴口罩，双手力度、指感是否得到顾客满意，是否闻到了怪味，还有其他有待改进的地方等。

四、做好美容服务个人卫生礼仪的注意事项

通过对美容服务各环节中个人卫生礼仪的要求分析，明白要做到规范和达标，必须遵循以下两个基本原则。

1. 修饰避人原则：它的含义是，良好的个人卫生习惯，体现一个人的内在修养，展示一个人的专业形象气质。美容专业人员保持个人卫生的种种操作，如修指甲、掏耳朵、抠鼻子、打喷嚏等不雅行为，均应避免在大庭广众前进行，尤其是在顾客面前搔首弄姿，做不雅修饰，有失自尊，容易引起顾客的反感。

2. 反思纠错原则：它的含义是，保持个人卫生礼仪，重在反思改正。每次进行各环节的卫生操作后，都要根据美容师个人卫生考核量表，逐条对应，查漏补缺，有则改之，无则加勉，要让个人卫生标准成为美容专业人员的日常行为习惯，并融入美容服务的各个环节当中。

 任务评价

检视：以小组为单位，按照美容师个人卫生考核量表（表1-5-1），对美容师个人卫生情况进行自评、互评、教师评相结合，以此检视个人卫生达标情况。

表1-5-1 美容师个人卫生考核量表

序号	考核内容	考核要点	配分	评分标准	扣分	得分
1	洗手	1. 做护理前用流动水洗手，并使用肥皂或洗手液仔细将指尖、手指、指缝、手背至手腕上部15 cm处都洗干净 2. 洗完手后不触摸自己的脸部及头发，否则，应该在再次接触顾客或再次使用美容工具之前重新洗手	20	1. 没有洗手得0分 2. 没有按要求将手洗干净扣10分 3. 洗手部位有遗漏酌情扣分		

(续表)

序号	考核内容	考核要点	配分	评分标准	扣分	得分
2	手部消毒	1. 洗手之后,选用70%(或75%)酒精或0.2%过氧乙酸溶液消毒手部 2. 操作中途接触过其他物品,如仪器、护肤品盒、瓶、面盆等,也要先消毒再行操作,每次做完护理后要彻底清洁,以免交叉感染	20	1. 没有按要求选用消毒溶液扣5分 2. 消毒方法不正确扣5分 3. 没有消毒得0分		
3	准备卫生口罩	1. 为顾客做护理时,戴符合规格的口罩 2. 口罩应随时保持整洁、卫生	15	1. 戴口罩不正确扣5分 2. 不戴得0分		
4	服装卫生清洁	1. 工作时要身着工作服。美容师的工作服要舒适、合体、美观、大方,适合美容服务工作的需要 2. 工作服要经常清洗并消毒	10	1. 工作服不卫生扣5分 2. 不穿工作服得0分		
5	面部卫生清洁	1. 美容师面部皮肤要洁净、化淡妆,切不可浓妆艳抹 2. 平日注意皮肤的清洁和养护,如有皮屑和粉刺等要及时清除	10	1. 面部不清洁/浓妆艳抹得0分 2. 不化妆/施粉不均酌情扣3~5分		
6	头发卫生清洁	1. 要经常洗发,保持清洁 2. 头发不要黏腻、带有头皮屑 3. 留长发者工作时要束发	10	1. 留长发工作时不束发扣5~10分 2. 头发不清洁扣3~5分		
7	口腔卫生清洁	1. 口气清洁、无异味。如有口腔疾病要及时治疗,胃肠功能不好、气味污浊的,要进行调理 2. 工作前不吃葱、蒜、韭菜等异味食品。饭后要漱口。不吸烟,不喝酒,工作中不嚼口香糖	15	1. 口腔有异味扣3~5分 2. 工作前吃异味食品扣5~10分		
8	否定项	身体有异味,衣着不整、头发蓬乱	一票否决	本项考核不合格		

 能力拓展

1. 讲述美容专业人员个人卫生礼仪的重要性。
2. 在做好自己职业卫生礼仪规范化要求的同时,对周围同事的个人卫生礼仪及美容场所的卫生管理提出合理化建议。

> **知识链接**

七步洗手法

1. 物品准备：肥皂、洗手液、洗洁精等。

2. 操作步骤

第一步：取适量的肥皂泡或洗手液，掌心相对，手指并拢，相互揉搓。

第二步：掌心对手背，沿指缝相互揉搓，交替进行。

第三步：掌心相对，手指交叉，相互揉搓。

第四步：双手相扣，来回揉搓。

第五步：一只手握住另一只手的大拇指，旋转揉搓，交替进行。

第六步：五个手指尖并拢在另一个手掌心中来回揉搓。

第七步：一只手握住另一只手的手腕，回旋摩擦，交替进行。

3. 注意事项

(1) 七步洗手法并不是那么局限，可根据情况而做适当变动。

(2) 由于美容师要密切接触顾客的皮肤，且时间长、用品多，所以每个步骤揉搓的时间至少是15秒。

> **知识链接**

无菌技术的有关概念

1. 消毒：是指消灭并杀死病原微生物，但不一定能杀死细菌芽孢的方法。通常用化学方法来达到消毒的作用。用于消毒的化学药物叫作消毒剂。

2. 灭菌：是指消灭所有的微生物（包括细菌芽胞在内）的方法。通常用物理方法来达到灭菌的目的，医疗操作需要达到灭菌标准。

3. 无菌技术：无菌是指通过各种消毒、灭菌、杀菌等方法达到规定标准，没有任何细菌存在。无菌技术是指在执行医疗、护理操作过程中，保持无菌物品、无菌区域不被污染，防止一切病原微生物入侵人体的一系列操作技术。

美容师应该了解，美容会所（院）不能进行医疗操作，如做双眼皮、注射美容等，因为美容会所（院）所采用的物理性消毒方法（蒸汽消毒、紫外线消毒）的消毒毛巾、浴巾等棉织物，以及化学性消毒方法（酒精、消毒剂等）来消毒仪器等只能达到消毒标准，而不能达到灭菌标准。

（高惠霞　叶秋玲）

模块一　职业形象礼仪
——微笑的魅力

职业形象礼仪是入职美容行业的第一课,良好的职业形象礼仪能展示个人的修养与专业水准,表示对顾客的尊敬、友善和真诚,会赢得顾客的信任和好感。对打造专业品牌形象,提高企业声誉,提升企业的竞争力和影响力非常重要。对于即将入职美容行业的学生而言,首先要做的就是学习基本礼仪,包括仪容仪表基本礼仪、仪态举止基本礼仪。这些内容的学习不容小觑,要高度重视并经过严格的训练才能掌握。

 单元二 仪态举止基本礼仪

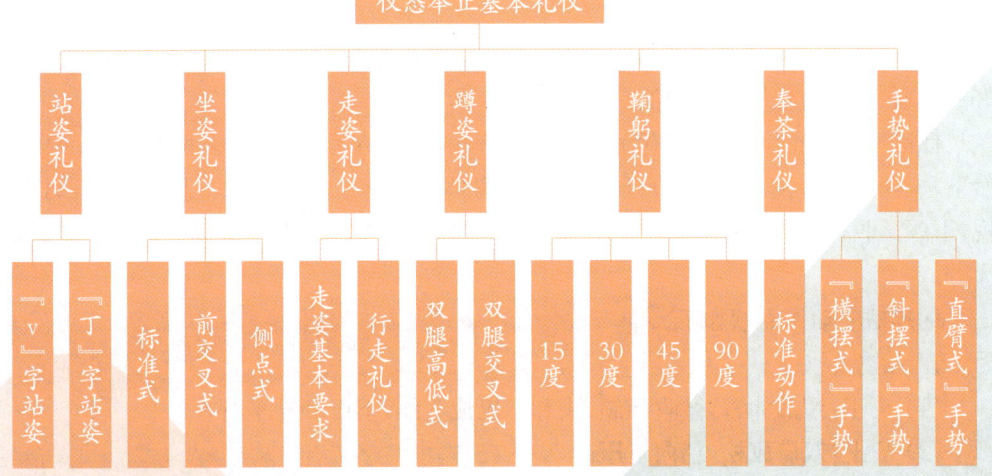

任务一　站姿礼仪

  学习目标

1. 熟悉美容专业人员标准站姿要点。
2. 能够在迎宾、接待等站立时自然展示挺拔的站姿。

情景导入

美容行业作为一个传播美的行业，正确的站姿不仅让你倍感自信，更能赢得顾客的尊重。仪态与自信是你在服务中脱颖而出的关键，标准的姿态能给人留下深刻美好的第一印象。美容师的站姿、坐姿及行走姿势可以提升自己的专业素养与形象，增加自己的自信心，向顾客展现优雅的举止、美的形象。如果你是美容师，你的站姿标准吗？站立迎接或送客应当是怎样的姿势才符合美容服务礼仪要求呢，让我们一起来看一看、练一练。

 相关知识

一、站姿标准

站立是人最基本的姿势，是一种静态的美，是动态的起点和基础，能体现一个人良好的气质、风度，以及企业形象。

标准站姿从正面看，全身笔直，精神饱满，两眼正视，表情自然。两肩平齐，两臂自然下垂，两脚跟并拢，两脚尖分开一定角度，身体重心落于两腿正中。从侧面看，两眼平视，下颌微收，挺胸收腹，腰背挺直，手中指贴裤缝，整个身体庄重挺拔，看起来稳重、大方。

标准站姿动作要领如下。

1. 站姿要求

(1) 头正：颈部伸直，微收下颌，头和下巴成直线，下巴和地平行。

(2) 肩平：双肩放松，稍向下压。

（3）垂臂：双臂自然垂于体侧或在体前交叉。

（4）挺躯：挺胸、收腹、直腰、提臀；身体重量主要支撑于脚掌、脚弓之上。从侧面看，头部、肩部、上身与下肢在一条垂直线上。

（5）并腿：两腿并拢直立，膝部放松。脚跟相靠，脚尖分开约45°，呈"V"字形；男性站立时，双脚可略为分开，但不能超过肩宽。

2. 手位：保持正确站姿，双手手位可采取下列之一。

（1）双手垂放式：双臂放松，自然下垂放在两腿外侧，手掌平伸，中指尖贴裤缝。

（2）腹前交叉式：虎口相交，手自然弯曲，两手握指交于腹前。

（3）后背交叉式：双手叠放于体后腰部。

3. 脚位：保持正确站姿，双脚脚位可采取下列之一。

（1）小"丁"字形。

（2）"V"字形。

（3）双脚平行分开不超过肩宽。

4. 站立时注意事项：站立时避免僵直硬化，歪脖、斜腰、屈腿等；在站班等正式场合不宜将手插在裤袋里或交叉在胸前，更不要下意识地做些小动作，那样不但显得拘谨，给人以缺乏自信之感，而且也有失仪态的庄重。

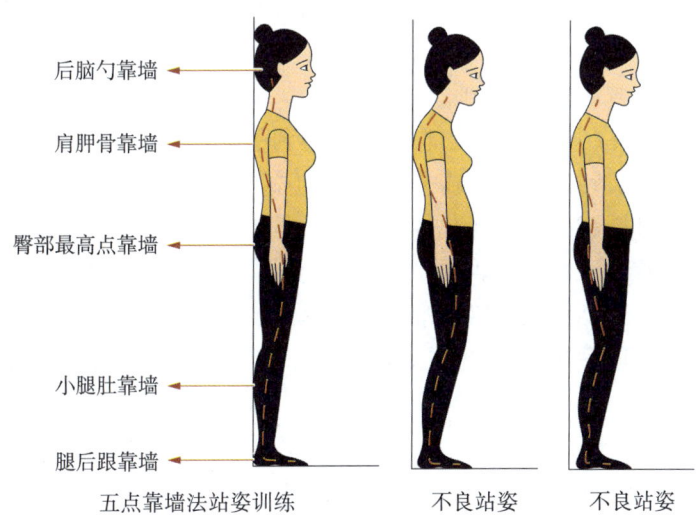

图2-1-1 标准站姿的动作要领

二、美容师常用站姿

前腹式站姿为常用的站立姿势（图2-1-2），具体要求如下。

1. "V"字形站姿

（1）身体保持挺直，遵守站姿基本要领。

（2）脚掌分开呈"V"字形，脚跟靠拢，两腿并拢立直。

美容礼仪

| "V"字形站姿 | "丁"字形站姿 | "11"字形站姿 |

图2-1-2 美容师常用站姿

（3）双臂放松，两手握指交于腹前。

2."丁"字形站姿

（1）身体保持挺直，遵守站姿基本要领。

（2）两脚脚尖向外略展开，一脚在前，将一脚跟靠与另一脚内侧前端，形成斜写的"丁"字形。

（3）双臂放松，两手握指交与腹前。

3."11"字形站姿：脚跟脚尖全部紧靠，身体和手位要求同前。

由于工作中不同情景的需要，需采用不同的站立姿势。这些姿势与标准站姿的区别，主要是通过手和腿脚的动作变化体现出来。例如，在门口迎接顾客时，两脚呈"丁"字步站立，两手相握放于腹前显得更加端庄、优雅。与顾客道别时，两手自然下垂。需要注意的是，各种站立姿势必须以标准站姿为基础，与具体情景相配合，才会显得美观大方。站累时，脚可向后撤半步，身体重心移至后脚，但上体必须保持挺直。

 任务分析

站姿学习者如果平时意识不到自己站姿有些不良动作，如含胸驼背、腹部外凸、高低肩等。当既往不良站姿成为习惯性动作，按标准站姿要求练习的时候，开始动作生硬、不协调，很难做到位，个体差异较为明显，因此，在训练的过程中，要有针对性地进行练习。学习者本人在思想上高度重视，用正确的方法坚持每天练习才能达到要求。因此，要学会美容服务中的标准站姿，展示自身的形象美和内在素质，学习者既要思想上高度重视，又要认真领会美容服务中站姿的标准及要点；在老师的指导下，经过认真刻苦的练习，不断纠正不良动作，同时强化标准站姿的重要性，最终才能养成良好的站立习惯。

任务一 站姿礼仪

任务准备

（1）美容服务中标准站姿实景图片或视频资料。
（2）标准站姿训练物品准备：镜子、一本书、一张纸。

任务实施

一、标准礼仪站姿练习

要拥有端庄挺拔的站姿，给顾客留下良好的第一印象，必须通过学习和训练，长期坚持，使之成为一种习惯。

（一）站姿基础训练

在了解标准站姿要求的基础上，在日常生活及工作空闲时间加以训练。只有坚持练习，才能够收到明显效果。

1. 贴墙直立（五点靠墙法）：背墙站直，脚跟、小腿、臀部、双肩和头部靠着墙壁（见图2-1-1），以贴墙直立训练整个身体的控制能力，这样就能体会到正确站立时身体各部位的感觉。可以每天练习20分钟，或者分时间段来练习体会正确站立的感觉。

2-1-1 站姿训练

2. 头顶书本：按标准站姿要领站好后，把书放在头顶上行走，不要让它掉下来。学习者会自然地挺直脖子、收紧下巴、挺胸挺腰，以训练头部的控制能力（图2-1-3）。

3. 双腿夹纸：在两大腿间夹上一张纸，保持纸不松、不掉，然后按照标准站姿要领站立，以训练腿部的控制能力。

（二）情景模拟训练

在掌握标准站姿的基础上，由教师指导设计不同情景进行模拟训练。

1. 美容师站姿练习

（1）面带微笑，双目平视。
（2）按照标准站姿动作要领站立，脚跟并拢，脚尖分开呈45°～60°，保持挺胸、收腹、提臀姿势，左手扣住右手重叠平放于腹前表示欢迎，将手重叠于后背表示送别。

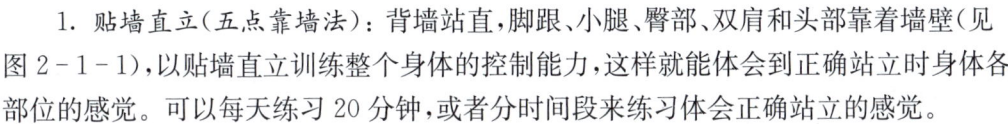

图2-1-3 头顶书本站姿训练

2. 美容顾问站姿练习

（1）精神饱满，双目平视，面带微笑。
（2）双脚呈"V"字形或"丁"字形步站立，保持挺胸、收腹、提臀姿势，左手扣住右手重叠平放于腹前表示欢迎，头正身直，手臂紧挨腰部，让整个身体看起来端庄挺拔。

（三）站姿礼仪提升训练

完成情景模拟训练并通过考核达到基本要求后进入美容门店，在站班岗位上进行

2-5

顶岗实践。切记：保持端庄姿势、精神饱满、目光平视、面带微笑；身体不可斜靠在柜台或门框上；不得随意离开岗位与柜台人员或与同事闲聊；不得接听电话、唱歌等。

二、站姿礼仪训练注意事项

在标准站姿的训练过程中，学习者务必注意避免以下不雅动作。

1. 上身：歪脖子、斜肩或高低肩、弓背、挺腹、撅臀或身体依靠其他物体等。
2. 手脚：两腿弯曲、叉开很大，以及双手叉腰、双臂抱在胸前、两手插在口袋等。
3. 动作：摆弄衣角、咬手指甲、搔头抓痒等。

 任务评价

考一考：请按照表2-1-1进行站姿训练效果检测，通过相关站姿礼仪学习及实践之后，说一说下面4种标准站姿的应用场景。对镜检测或相互检查一下，是否达到要求。如果没有做到，如何针对自己的问题加强训练。

表2-1-1 站姿训练效果检测

站姿	动 作 要 领	效果
侧立式站姿	1. 抬起头，面朝正前方，双眼平视，下颌微微内收，颈部挺直，双肩放松，呼吸自然，腰部直立 2. 脚掌分开呈"V"字形，脚跟靠拢、双膝并严，双手自然垂于体侧，手指稍弯曲，呈半握拳状	
前腹式站姿	1. 同"侧立式站姿"操作标准第一条 2. 脚掌分开呈"V"字形，脚跟靠拢、双膝并严，双手相交轻握放在小腹处	
后背式站姿	1. 同"侧立式站姿"操作标准第一条 2. 两脚分开呈"V"字形，比肩宽略窄些，双手在后背轻握放在腰处	
丁字式站姿	1. 同"侧立式站姿"操作标准第一条 2. 一脚在前，将脚尖向外略展开，形成斜写的"丁"字形，双手在腹前相交，身体重心在两脚上	

温馨提示：每次训练应坚持一定时间，如果站得时间太长太累时需要自行调节，将两脚微微分开，将身体重心移向左脚或右脚。以一只脚为重心支撑站立，另一只脚稍息，然后轮换。

 能力拓展

1. 能够指导新进员工进行标准站姿训练。
2. 以下情景下能自然运用站姿礼仪。

情景一：在前台时，双手将顾客物品及停车票递给顾客。

情景二：在门店门口恭候上级部门领导及嘉宾到店参观指导工作，当领导及嘉宾来

任务一 站姿礼仪

到门口时,一起站立鼓掌欢迎,熟练展示端庄、优雅的仪态礼仪。

知识链接

正确站姿对健康的影响

一个良好的站姿,不仅可以体现一个人的内涵,呈现出一种人体美,更可以让身体各个关节的受力比较平均,不会让某些特定的关节承担过多的重量。而且,当你抬头挺胸时,胸口会变得开阔,呼吸也会顺畅,身体得到足够的氧气,精神、注意力都会比较容易集中。所以好的站姿,不只是为了美观而已,对身体健康也非常重要。

(梁 冰 殷秀娟)

任务二 坐姿礼仪

 学习目标

1. 了解女性标准坐姿动作要领。
2. 能够按坐姿礼仪要求,在工作中自然展示规范坐姿礼仪。

 情景导入

坐,作为一种举止,有着美与丑、优雅与粗俗之分。作为美容专业人员坐姿展示的是一种静态的美,工作中要求站有站相、坐有坐相,坐姿文雅、端庄,不仅给顾客以沉着、稳重、淡定的感觉,而且也是自己气质与修养的重要形式,也代表了企业的"门面"。那么,怎样的坐姿才是端庄而优美,给顾客以文雅、稳重、自然大方的美感呢?坐下来看一看,评一评。

 相关知识

一、女性8种基本坐姿及要领

女性基本坐姿及要领如表2-2-1所示。

表2-2-1 女性基本坐姿及要领

坐姿	动 作 要 领
标准式	抬头收颔,挺胸收肩,两臂自然弯曲,两手交叉叠放在偏左腿或是偏右腿的地方,并靠近小腹。两膝并拢,小腿垂直于地面,两脚尖朝正前方。着裙装的女士在入座时要用双手将裙摆内拢,以防坐出皱纹或因裙子被打折而使腿部裸露过多
前伸式	在标准坐姿的基础上,两小腿向前伸出一脚的距离,脚尖不要翘起。前身可略向前倾,表示对对方的尊敬
前交叉式	在前伸式坐姿的基础上,右脚后缩,左脚交叉,两踝关节重叠,两脚尖着地
屈直式	右脚前伸,左小腿屈回,大腿靠紧,两脚前脚掌着地,并在一条直线上

(续表)

坐姿	动作要领
后点式	两小腿后屈，脚尖着地，双膝并拢
侧点式	两小腿向左斜出，两膝并拢，右脚跟靠拢左脚内侧，右脚掌着地，左脚尖着地，头和身躯向左斜。注意大腿小腿要成90°角，小腿要充分伸直，尽量显示小腿长度
侧挂式	在侧点式基础上，左小腿后屈，脚绷直，脚掌内侧着地，右脚提起，用脚面贴住左踝，膝和小腿并拢，上身右转
重叠式	在标准式坐姿的基础上，腿向前，一条腿提起，腿窝落在另一腿的膝关节上边。要注意上边的腿向里收，紧贴另一腿，脚尖向下收起

标准式坐姿为基本坐姿，由于双腿位置的改变，可形成多种优美的坐姿，如双腿平行斜放、两脚前后相掖，或两脚呈小"八"字形等，都能给人舒适优雅的感觉。无论哪种坐姿，都必须保证腰背挺直，女性还要特别注意使双膝并拢。女性一般不宜架腿。

二、坐姿礼仪

（一）标准坐姿礼仪

（1）精神饱满，表情自然，面带微笑，目光平视前方或注视交谈对象。

（2）身体端正舒展，重心垂直向下或稍向前倾，腰背挺直，臀部占坐椅面的2/3。

（3）双膝并拢或微微分开，双脚并齐。

（4）两手可自然放于腿上或椅子的扶手上，依照场合及自身的需要，可以调整双手及双腿摆放姿势（图2-2-1）。

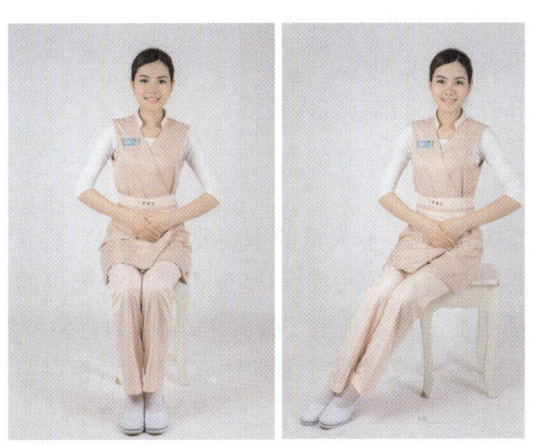

图2-2-1 美容师标准坐姿展示

（二）入座、离座要领

（1）入座时要轻稳。坐下时，身体重心徐徐垂直落下，臀部接触椅面要轻，避免发出声响。离座时要自然稳当。

(2) 入座后，上身自然挺直，挺胸，双膝自然并拢，双腿自然弯曲，双肩平整放松，双臂自然弯曲，双手自然放在双腿上或椅子、沙发扶手上，掌心向下。

(3) 头正、嘴角微闭，双目平视，面容平和自然。

(4) 从椅子后面入座。如果椅子左右两侧都空着，应从左侧走到椅前。

(5) 不论从哪个方向入座，都应在离椅前半步远的位置立定，右脚轻向后撤半步，用小腿靠椅，以确定位置。

(6) 着裙装入座时，应用双手将后片向前拢一下，以显得娴雅端庄。

(三) 入座、离座注意事项

1. **注意顺序**：入座时，优先尊长，请位尊者首先入座；女士优先，让女士先入座。离座时，地位低于对方的，稍后离座；地位高于对方时，可先离座；双方身份相似时，可以同时起身离座。

2. **讲究方位**：在正式场合，不论从正面、侧面还是背面走向座位，从左侧一方离开自己的座位，简称为"左进左出"。

3. **落座无声**：入座时，不管是移动座位还是坐下，都不应发出声音。

4. **起身缓慢**：起身离座时，最好动作轻缓，不要弄响座椅，或将椅垫、椅罩弄得掉在地上。

(四) 常见影响门店形象的不良坐姿

(1) 坐时前倾后仰或歪歪扭扭。

(2) 坐沙发时太靠里面，呈后仰状态。

(3) 把脚架在椅子或沙发扶手上，或架在茶几上。

(4) 将双手放于臀部下面或双手放在两腿中间。

(5) 高架"二郎腿"或"4"字形腿。

(6) 腿、脚不停地抖动或脚跟落地、脚尖离地。

(7) 双腿过于叉开或长长地伸出。

(8) 双手撑椅或用手支着下巴与客人说话。

 任务分析

坐姿体现的是仪态美，美容专业人员的坐姿要做到端庄、稳重、自然、大方。首先对不良坐姿习惯的纠正要引起重视，要认识到坐姿也是职业形象的重要部分，稍不注意，有可能就会将平时生活中的一些不良坐姿带到工作中，如背靠沙发后仰，或猛坐猛起等不良坐姿。只要思想上重视，坐姿相对于其他体姿的训练，相对容易掌握。

 任务准备

(1) 熟悉女性8种基本坐姿的动作要领、适应场合以及注意事项。

(2) 椅子、镜子。

(3) 经验教训：请阅读被"抖"掉的合同的故事。

有一位美国华侨，到国内洽谈合资业务，洽谈了好几次，最后一次来之前，他曾对朋

任务二 坐姿礼仪

友说:"这是我最后一次洽谈了,我要跟他们的最高领导谈,谈得好,就可以拍板了。"过了两个星期,他又回到美国,朋友问:"谈成了吗?"他说:"没谈成。"朋友问其原因,他回答:"对方很有诚意,进行得很好,跟我谈判的这个领导坐在我对面,当他跟我谈判时,不时地抖着双腿,我觉得还没有跟他合作,我的财都被他抖掉了。"

 任务实施

一、女性基本坐姿练习

1. 分组练习:两人面对面坐,互相指出对方的不足。
2. 自我纠正:对镜而坐,按照坐姿要求进行自我纠正,重点注意手位、腿位、脚位。每次训练时间为20分钟左右。

二、模拟训练

在标准坐姿掌握的基础上,模拟真实工作情景,如在信息区与客人交谈,进行入座到离座的动作训练。

步骤一:从椅子左后方向前走至椅子前约10 cm处站立。
步骤二:向后撤右脚,使右脚膝盖后侧轻触椅子边。
步骤三:身体挺直,头正,目视前方,轻轻落座。
步骤四:右腿向前收回,与左腿平行放好。
步骤五:双手叠放,置于一腿之上。
步骤六:离座时,将右脚向后撤一步,身体保持正直,起身站立。
步骤七:向前收回右脚,站定后离开。

2-2-1 坐姿训练

 任务评价

(1) 通过线上、线下多种形式学习坐姿礼仪知识,完善表2-2-2内容。

表2-2-2 坐姿礼仪知识

坐姿	动作要领	适用情景
标准式		
前交叉式		
屈直式		
后点式		
侧点式		
侧挂式		

2-11

美容礼仪

(2) 坐姿练习效果检测,请按照表2-2-3以自评、互评、教师评等方式评价学习效果。

表2-2-3 坐姿展示评价表

组别	内容	自评	互评	教师评
第1组学员	标准式			
	侧点式			
	前交叉式			
第2组学员	……			
	……			
	……			

(3) 针对测试中存在的问题,该如何纠正?请给出建议。

 能力拓展

1. 男士标准坐姿指导。
2. 对新进员工熟练地进行标准坐姿训练。

(古 颂 傅润红)

任务三　走姿礼仪

 学习目标

1. 熟悉行走礼仪基本要求,在标准站姿的基础上展示轻松自如的步态美。
2. 熟悉行走礼仪原则,能够在接待和送客服务等工作场合中正确运用。

 情景导入

行走是人的基本动作之一,行走姿态的好坏可反映人的内心境界和文化素养的高低。中国有句古话,叫作"站如松,行如风",这说明走姿的重要性。走姿是站姿的延续动作,正确的走姿是最引人注目的身体语言,是一个人的气质体现,能够展现出一个人的风度、风采和韵味,也最能表现一个人的精神面貌和活力。怎样的走姿才是正确的呢?让我们一起走一走,体验一下走姿美都有哪些表现。

 相关知识

一、走姿基本要求

正确的走姿是:轻而稳、挺胸抬头,肩放松,两眼平视,面带微笑,自然摆臂,反映出积极向上的精神状态。

(一)标准走姿要领

1. 上身正直:步态美是以挺拔的站姿为基础,行走时必须保持站姿中除手和脚以外的各种要领。
2. 步伐稳健:挺胸、收腹,身体重心宜稍向前倾。重心落前脚掌,膝盖伸直;脚尖向正前方伸出,双目平视,收颔,表情自然平和。
3. 肩不摇晃:双臂以肩关节为轴前后自然摆动,摆动幅度以 30～40 cm 为宜。两臂以身体为中心,前后自然摆动,前摆约 35°,后摆约 15°,手掌朝向体内。
4. 直线步位:脚落在地面的位置,两脚内侧在一直线上。
5. 步幅适中:行走使用腰力,跨步均匀;跑步时两脚间的距离约为一只脚到一只半

2-13

美容礼仪

脚的长度。因身高不同或着装不同,有时步幅有一定差异。

(二)行走礼仪的注意事项

(1)双臂不要左右摆动或摇头晃肩膀。裙子或旗袍的下摆与脚的动作协调,呈现优美的韵律感;穿裤装时,宜行走成两条平行的直线。

(2)双脚避免呈"内八字"或"外八字"。

(3)不要低头、后仰或扭动臀部。

(4)上下楼梯,应保持上体正直,脚步轻盈平稳,尽量少用眼睛看楼梯,最好不要手扶栏杆。

(5)避免脚步拖拉在地上,低着头或耷拉着眼皮走路,给人一种不积极的感觉。

(6)避免脚步太重,把地板踩得"咚咚"作响。

二、行走礼仪

(一)引导客人参观

行走的规则是以右为尊,以前为尊。在引导顾客参观门店的时候,应遵守以下行走礼仪。

(1)两人并排行走时,陪同引导人员行走在左侧,以示尊重。

(2)单行行走时,行走在左前方约1米的位置。

(3)当被陪同的嘉宾不熟悉前进方向时,行走在前面、走在外侧。

(4)行走速度要和对方相协调,不可以走得太快或太慢,要处处以对方为中心。

(5)经过拐角、楼梯或过道,照明欠佳的地方,要提醒对方留意。

(6)如果送客人在室外行走,应该让客人走在马路的里侧,注意观察周围情形,照顾好客人,同时要保持良好的仪态,不能因为在户外就左顾右盼、四处张望或推推搡搡、拉拉扯扯,不论多么熟悉的同事和客人,在大庭广众之下也应该保持职业人士的端庄仪态。

(7)如果不小心碰到、踩到或绊倒客人的时候,要及时道歉,并给予必要的帮助。如果别人无意识地碰到自己或妨碍到自己,应小心提醒并予以体谅。

(二)送客人到室外

1. 上下楼梯:上楼梯时,请客人先走,走在客人后面;下楼梯时,走在客人前面引路。

2. 乘坐电梯:送客人到达电梯口、车门口或房门口时,应该快走两步为客人服务。进出电梯时以"先进后出"为原则,方便控制电梯。

 任务分析

在日常生活中每个人的行走姿势与性格、体态有关。性格外向、较急躁的人行走速度较快,步态较大,而性格偏内向的,习惯慢走或拖着脚行走。美容专业人员的走姿是以标准站姿为基础的,配合得体的着装和妆容,经过反复的训练逐步成为一种习惯,才能在工作中自然地展示。对于平时注意个人形象的人来讲,一旦接受职业礼仪培训则容易培养气质走姿,而对于平时不注意个人形象的人,一些不良的行走动作较难纠正,

任务三 走姿礼仪

如左摇右摆、弯腰驼背等,需要高度重视,且勤于训练,才能收到较好的效果。

 任务准备

(1)美容服务中标准走姿实景图片或视频资料。
(2)标准走姿训练物品准备:镜子、一本书或一张小垫子。

 任务实施

一、标准走姿基本练习

(一)行走辅助训练

1. 摆臂:人直立,保持基本站姿。在距离小腹两拳处确定一个点,两手呈半握拳状,斜前方均向此点摆动,由大臂带动小臂(图2-3-1)。

2. 展膝:保持基本站姿,左脚跟起踵,脚尖不离地面,左脚跟落下时,右脚跟同时起踵,两脚交替进行,脚跟提起的腿屈膝,另一条腿膝部内侧用力绷直。做此动作时,两膝靠拢,内侧摩擦运动。

3. 平衡:行走时,在头上放个小垫子或本子书本,用左右手轮流扶住,在能够掌握平衡之后,再放下手进行练习,注意保持物品不掉下来。通过训练,使背脊、脖子竖直,上半身不随便摇晃。

2-3-1
走姿训练

摆臂训练

展膝训练

平衡训练

图2-3-1 标准走姿行走辅助训练

(二)迈步分解动作练习

(1)保持基本站姿,双手叉腰,左腿擦地前点地,与右脚相距一个脚长,右腿直腿蹬地,髋关节迅速前移重心,成右后点地,然后换方向练习。

(2)保持基本站姿,两臂在体侧自然下垂。左腿前点地时,右臂移至小腹前的指定点

位置,左臂向后斜摆,右腿蹬地,重心前移成右后点地时手臂位置不变,然后换方向练习。

(三)行走连续动作训练

(1)左腿屈膝,向上抬起,提腿向正前方迈出,脚跟先落地,经脚心、前脚掌至全脚落地,同时右脚后跟向上慢慢垫起,身体重心移向左腿。

(2)换右腿屈膝,经过与左腿膝盖内侧摩擦向上抬起,勾脚迈出,脚跟先着地,落在左脚前方,两脚间相隔一脚距离。

(3)迈左腿时,右臂在前;迈右腿时,左臂在前。

将以上动作连贯运用,反复练习。

(四)强化训练

行走体现动态美,是全身协调性运动的结果。在走姿动作练习的基础上,需要反复进行腰背力量和动作协调性训练,才能自然走出轻盈、稳健的步态。

1. 腰部力量训练:双手固定于腰部,脚背绷直,踮脚正步行走。

2. 背部协调训练:头顶上放一本书走路,保持背部伸展,头正目平,身体略前倾,重心始终落在前面的脚掌上,前面的脚落地、后面的脚离地的瞬间,膝盖伸直,脚下落时放松。

3. 全身协调性训练:在保持标准站姿的基础上行走较自然时,配合背景音乐播放,跟着音乐有节奏地行走,使步伐矫健、轻盈,富有稳定的节奏感。

二、效果检验

1. 分组训练:3~4个同学为1组,立于镜前,在组长的带领下,按照美容服务中的走姿标准和教师的示范进行走姿训练,注意纠正不良走姿习惯。

2. "内八字"和"外八字"的矫正:在地上画一条直线或利用地板的缝隙反复练习,两脚内侧的着力点尽量落在直线两侧。

 任务评价

分组评价:以小组为单位,进行轻盈稳健的走姿展示,以自评、互评、教师评方式评价学习效果。评价方式如表2-3-1。

表2-3-1 气质走姿展示效果评价表

组别	评价内容	评价(优、良、差)			存在问题
		自评	互评	教师评	
第1组	精神饱满、面容平和自然				
	双目平视、下颌微收				
	昂首挺胸、收腹立腰、双肩平稳				
	双臂摆动自然				

(续表)

组别	评价内容	评价(优、良、差)			存在问题
		自评	互评	教师评	
第2组	步态优雅				
	步幅合适				
	步速合适				
	……				
	……				
	……				

能力拓展

能够熟练地对新进员工进行标准走姿培训。

知识链接

男性走姿美

男士要步履雄健有力、不慌不忙,展现雄姿英发、英武刚健的阳刚之美。步幅一般在 50 cm 左右,每分钟 108～118 步。男士常见的走姿是"平行步"。其要领是:双脚各踏出一条直线,使之平行,步伐快而不乱。与女士通行时,男士步子应与女士保持一致。

女性走姿美

女士要步履轻盈优雅,步伐适中,不快不慢,展现温柔、矫健的阴柔之美。女士的步幅一般在 30 cm 左右,每分钟 118～120 步,可根据所穿鞋的鞋跟高度来适当调整。女士常见的走姿是"一字步"。其要领是:在行走时两脚内侧位于一条直线上,两膝内侧相碰,收腰提臀,肩外展,头正颈直,下颌微收。

知识链接

步行快慢反映的心理

心理学家发现,走路时,步幅大,步子有弹性,方向感强,摆动手臂,显示个体的自信、快乐和富有能力;步幅小,时快时慢,缺乏方向感,不摆动手臂,则相反。女性行走时,手臂摆动得越高,越能显示其精力充沛和快乐,沮丧、苦闷、恼怒、思维混乱时,则很少摆动手臂。

(梁 冰 殷秀娟)

任务四　蹲姿礼仪

学习目标

1. 熟悉美容专业人员蹲姿标准及要点。
2. 能够按照蹲姿礼仪要求做到下蹲时文明有礼。

情景导入

王女士最近觉得肩颈酸痛，第一次来到美容院做护理。到店经过与顾问咨询沟通后确定体验门店的身体淋巴净化项目，美容师珊珊指引王女士进房后很详细地向她介绍了床上用品的使用方法、首饰及个人物品摆放的位置，然后向左转30°下蹲，左手置于左腿上，右手伸直指向鞋子说："您好！姐，这是为您准备的拖鞋，请放心使用"。珊珊蹲下把消毒过的拖鞋摆放好的动作十分熟练、美观、大方，这让王女士感觉到服务很专业、细心，顿时消除王女士的陌生感。

相关知识

蹲姿是人在处于静态时的一种特殊体位。在日常生活中，人们对掉在地上的东西，一般是习惯性弯腰或蹲下将其捡起，而美容专业人员对掉在地上的东西，不宜采用随意弯腰或蹲下捡起的姿势。

一、蹲姿礼仪

美容服务工作中，蹲姿使用场景：整理工作环境，给予客人帮助，提供必要服务，捡拾地面物品，自我整理装扮等。

（一）基本蹲姿

（1）自然、得体、大方，不遮遮掩掩。
（2）两腿合力支撑身体，避免滑倒。
（3）使头、胸、膝关节在一个角度上，使蹲姿优美。
（4）女士无论采用哪种蹲姿，都要将腿靠紧、臀部向下。

(二) 文明蹲姿

1. 双腿高低式

(1) 左脚在前,右脚后撤半步,膝盖并拢向下蹲。

(2) 左脚全脚着地,小腿垂直于地面,右脚脚跟提起,脚掌落地。

(3) 右膝低于左膝,右膝紧贴于左小腿内侧,形成左膝高右膝低的姿态(图2-4-1),臀部向下,基本上以左脚支撑身体。

(4) 女性应并紧双腿,男士则可以适度分开。

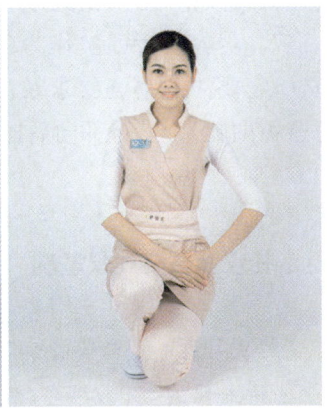

双腿高低式

图 2-4-1　文明蹲姿

2. 双腿交叉式

(1) 双腿交叉站立,右脚在前,左脚在后。

(2) 上半身重心下移,稳稳蹲下,双手相叠置于腿上。

(3) 上身稍向前倾,臀部向下。

(4) 右腿在上,左腿在下,两腿交叉重叠。

(5) 右脚在前,全脚着地,右小腿垂直于地面。

(6) 左膝由后下方伸向右侧,左脚在后,左脚脚掌着地,左脚脚跟抬起。

(7) 两腿前后紧靠,合力支撑身体。

二、蹲姿礼仪的注意事项

(一) 注意事项

(1) 忌突然下蹲。

(2) 忌距人过近。

(3) 忌方位失当。

(4) 忌毫无遮掩。

(5) 忌蹲在凳子或椅子上。

(二) 蹲姿禁忌

(1) 弯腰捡拾物品时,禁忌两腿叉开、臀部向后撅起,或两腿展开平衡下蹲,这些姿态均不优雅。

(2) 下蹲时注意内衣"不可以露,不可以透"。

任务分析

在日常生活中,对掉在地上的东西,人们会本能地弯腰或蹲下将其捡起。有时在公众场合,特别是穿着短裙或旗袍时、从低处取物或俯身拾物时,如果低头撅臀或双腿敞开,既不雅观,又不礼貌。美容会所(院)作为公共场所,在服务于客人时也常常会用到蹲姿,因此,相关人员一定要注意蹲姿要求及注意事项。特别是前台、行政岗位穿着职业套裙时,更要注意避免两腿叉开、臀部向后撅起、内衣外露等不雅蹲姿。

任务准备

(1) 具备标准行走礼仪及站姿礼仪基础。

(2) 镜子。

(3) 典型案例:弯腰失风采。

美容师小王是一位新入职的员工,年轻、貌美、积极热情,因此深得顾客和其他工作人员的喜欢和赞许。有一次,门店来了两位重要顾客张女士及其先生,店长跟他们在接待室洽谈。不久会谈结束,店长叫小王准备一份资料。不料,小王在推开门时把资料撒了一地,小王没有多想,赶紧弯下腰去收拾资料,而她那翘起的臀部让顾客感到非常尴尬。

任务实施

一、基本蹲姿练习

2-4-1
蹲姿训练

1. 自我练习:立于镜前,按基本蹲姿要求反复练习,进行动作分解,掌握动作要领。

2. 小组练习:与走姿结合,反复练习,可配合音乐。

二、情景模拟训练

协助顾客换鞋,蹲下将已消毒的拖鞋递给顾客,并微笑着说,"××您好!拖鞋已消毒,请放心使用",然后将顾客换下的鞋放在鞋柜里。

1. 双腿高低式蹲姿训练

步骤一:站立。左脚在前,右脚稍后,双手相叠置于腹前站立。

步骤二:下蹲。下蹲前双手移至身后做好扶裙动作,然后缓慢平稳下蹲。下蹲过程中双腿靠紧向下蹲,左脚全脚着地,小腿基本垂直地面;右脚脚跟提起,脚掌着地,右膝低于左膝;同时双手逐渐由臀部移至体前相叠置于左侧大腿上;挺胸收腹,调整

任务四 蹲姿礼仪

重心。

步骤三：起身。双膝双髋缓慢平稳伸直，同时双手逐渐移至身后扶裙，当身体完全站直，再移至腹前相叠放置。

2．双腿交叉式蹲姿训练

步骤一：站立。左脚在右脚后点地，双手相叠置于腹前站立。

步骤二：下蹲。下蹲前双手移至身后做好扶裙动作，然后缓慢平稳下蹲。下蹲过程中左膝由后面伸向右侧，左脚后跟抬起；右小腿垂直地面，全脚着地；同时双手逐渐由臀部移至体前相叠置于右侧大腿上；挺胸收腹，调整重心。

步骤三：起身。双膝双髋缓慢平稳伸直，同时双手逐渐移至身后扶裙，当身体完全站直，再移至腹前相叠放置，保持直立姿势。

3．训练体会分享：通过情景模拟训练，体验在指定的情景中，两种蹲姿哪种更适用。

三、训练效果检测

两人一组，相互检测。将练习者的训练过程用手机拍下来，然后通过视频或图片，找出自己的不足，再针对性地训练，直到达到要求。

 任务评价

1．想一想：在美容服务及社交场合中，何种情况下会用到蹲姿呢？你的姿态是怎样的？

2．考一考：文明、优雅的蹲姿你做到了吗？请按照表2-4-1以自评、互评、教师评的方式来评价学习效果。

表2-4-1 蹲姿展示评价表

组别	内容	自评	互评	教师评
第1组学员	双腿高低式			
	双腿交叉式			
第2组学员	双腿高低式			
	双腿交叉式			

 能力拓展

1．在公众场合、在工作中女士穿裙子下蹲时两腿敞开或臀部撅起，既不雅观，更不礼貌。优雅大方的蹲姿给人以举止讲究的印象和形态美的体现。想一想：在美容服务

及社交场合中要用到蹲姿的时候,怎样的蹲姿才是合适的?

优雅蹲姿展现人的素质

蹲姿不像站姿、走姿、坐姿那样使用频繁,因而往往被人所忽视。一件东西掉在地上,一般人都会很随便弯下腰,把东西捡起来。但这种姿势会使臀部后撅,上身前倒,显得非常不雅。讲究举止的人,也应当讲究蹲姿。

2. 展示以下两种蹲姿。

(1) 半蹲式:半蹲式蹲姿多为人们在行走之中临时采用。它的基本特征,是身体半立半蹲。其主要要求是在蹲下之时,上身稍微下弯,但不宜与下肢构成直角或者锐角。臀部务必向下。双膝可微微弯曲,其角度可根据实际需要有所变化,但一般应为钝角。身体的重心应当被放在一条腿上,而双腿之间却不宜过度分开。

(2) 半跪式:半跪式蹲姿又叫作单蹲姿。它与半蹲式蹲姿一样,也属于一种非正式的蹲姿,多适用于下蹲的时间较长的情况。它的基本特征,是双腿一蹲一跪。其主要要求是下蹲以后,改用一腿单膝点地,以其脚尖着地,而令臀部坐在脚跟上。另外一条腿应当全脚着地,小腿垂直于地面。双膝必须同时向外,双腿宜尽力靠拢。

(古 颂 傅润红)

任务五 鞠躬礼仪

学习目标

1. 熟悉美容专业人员鞠躬礼的标准动作及要领。
2. 能够在迎宾、接待等行鞠躬礼时,做到以礼待人。

情景导入

随着社会文明程度的提高,鞠躬礼在人们的生活社交、商业服务中的使用越来越频繁,深深地表达对他人的敬意和感激之情。那么对于鞠躬你了解多少呢?在美容服务中,怎么鞠躬才符合美容行业微笑服务的礼仪要求呢?下面就一起来学一学,练一练。

相关知识

一、鞠躬礼的标准动作及要领

(一)鞠躬礼的标准动作

鞠躬礼分为15°、30°、45°、90°四种标准动作(图2-5-1)。

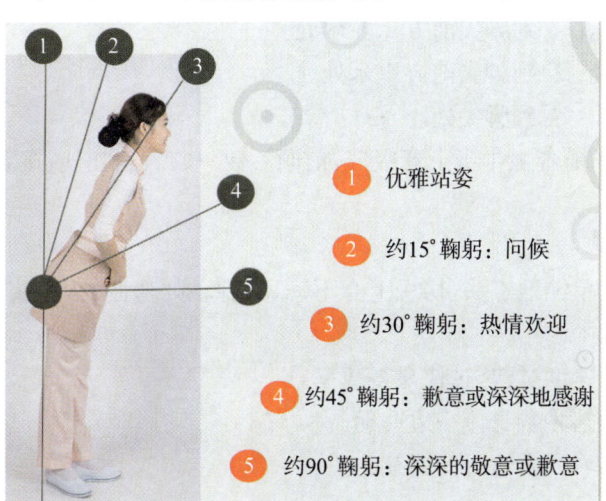

1 优雅站姿
2 约15°鞠躬:问候
3 约30°鞠躬:热情欢迎
4 约45°鞠躬:歉意或深深地感谢
5 约90°鞠躬:深深的敬意或歉意

图2-5-1 鞠躬礼的标准动作

1. 15°鞠躬礼：距离客人较远（2米以外）或与客人交错而过时，面带微笑，可行15°鞠躬礼，表示对客人的礼貌及打招呼。

2. 30°鞠躬礼：是美容服务中最常使用的鞠躬方式。在迎接顾客进店或送顾客离店时，可行30°鞠躬礼（图2-5-2），表示对客人的热情欢迎。

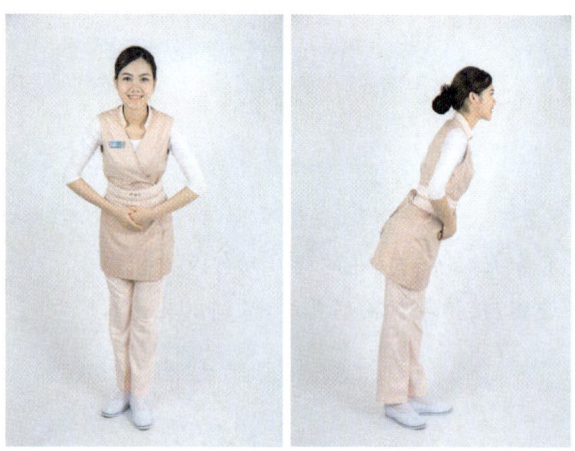

图2-5-2　30°鞠躬礼的标准动作

3. 45°鞠躬礼：当感谢客人或与客人初次见面时（1.5～2米），可行45°鞠躬礼表示礼貌（一般30°就可以）。

4. 90°鞠躬礼：在日常美容服务中较少用，一般用于处理顾客投诉，表示对顾客深深的歉意。

（二）动作要领

1. 身体挺直：行鞠躬礼要在优雅站姿的基础上实现。身体挺直，五指并拢自然垂下，身体从头顶到脚下是一条线，手脚保持标准站姿，以腰为轴，头、肩、背顺势向前倾15°、30°、45°、90°，面带微笑，视线随上身前倾自然下移。

（1）15°鞠躬礼：头和身体自然前倾，低头比抬头慢。

（2）30°鞠躬礼：看到脚尖前方1.5米处。

（3）45°鞠躬礼：看到脚尖前方1米处。

（4）90°鞠躬礼：看到脚尖处。

2. 正确呼吸：随着上半身下弯吸气，前倾后数一、二、三吐气，接着一边吸气一边慢慢抬起上身。

（三）注意事项

（1）鞠躬不是单纯地点头，切忌上身不动，只膝盖处弯曲、歪歪头，一定要上半身向前直弯下去。

（2）鞠躬不可速度过快，过快显得草率。

（3）切忌一边摇晃着身体一边鞠躬。

（4）切忌边看着客人边行鞠躬礼。

任务五 鞠躬礼仪

 任务分析

鞠躬礼重点先练习挺拔站姿,在此基础上才能保持身体挺直,使"头、肩、背"成一线,再按鞠躬动作要领练习,反复练习才能掌握身体的平衡点;本意上不抵抗,动作才协调自然,否则显得生硬或拘谨。此外,要注意观察鞠躬礼在不同场合的运用,对于掌握其要领并能灵活运用是十分重要的。例如,室内过道或前台迎宾、送客时,行鞠躬礼的角度、表情、视线的方向等。

 任务准备

(1) 具备标准站姿、微笑的基础。
(2) 镜子。

 任务实施

一、鞠躬体姿训练

学习者在老师的示范下,按照下列步骤行鞠躬礼训练。
步骤一:身体保持标准站姿,面带微笑。
步骤二:以腰为轴,上半身向前倾斜45°,胸部刚好触45°角的斜线,头、肩、背部成一条斜线,保持3秒,同时说问候语"您好"。
步骤三:身体还原标准站姿。

二、鞠躬训练的注意事项

学习者在鞠躬训练时常常因标准站姿没练好,没有掌握身体平衡点,动作不协调而出现以下情况,应引起重视。
1. 只点头的鞠躬:背部不往前倾斜,好像低头认错。
2. 驼背式鞠躬:背部拱起,未做到头、肩、背部成一条斜线。
3. 腰部力量不足:保持鞠躬弯腰动作不足3秒。

 任务评价

通过自评、互评、教师评来评价学习效果,具体内容见表2-5-1。

表2-5-1 鞠躬体姿展示评价表

组别	内容		自评	互评	教师评
第一组	站姿鞠躬	头、肩、背成一条斜线			
		整体展示			

(续表)

组　　别	内容		自评	互评	教师评
	坐姿鞠躬	头、肩、背成一条斜线			
		整体展示			
第二组	站姿鞠躬	头、肩、背成一条斜线			
		整体展示			
	坐姿鞠躬	头、肩、背成一条斜线			
		整体展示			

能力拓展

1. 鞠躬是表示对他人敬重的一种礼节，那么男士鞠躬的基本要点是什么？请描述一下。

2. 能够在行业比赛中，将鞠躬礼仪进行展示并运用自如，为学习者的赛程锦上添花。

知识链接

鞠躬的适用范围

鞠躬是人们在生活中对别人表示恭敬的一种礼节，既适用于庄严肃穆、喜庆欢乐的仪式，也适用于一般的社交场合。在一般的社交场合，晚辈对长辈、学生对老师、下级对上级、表演者对观众等都可行鞠躬礼。上台领奖时，领奖人向授奖者及全体与会者鞠躬行礼；演员谢幕时，对观众的掌声常以鞠躬致谢；演讲者也用鞠躬来表示对听众的敬意。

（邵　华　傅润红）

任务六 奉茶礼仪

 学习目标

1. 熟悉奉茶礼仪的基本知识及动作规范。
2. 能够运用奉茶礼仪接待客人。

 情景导入

丽华是一名经验丰富的美容业顾问。今天,她与自己的徒弟小林共同接待了会员刘女士。刘女士进入美容院后,小林和师父热情地将其带到咨询区。短暂的交流后,小林为刘女士端来了她喜欢的花茶,放到其面前。这时,丽华将茶杯的托盘轻轻旋转了一下。想一想,丽华为什么有这个动作?

相关知识

"以茶待客"历来是礼仪之邦的中国最普及、最具平民性的日常礼仪,美容服务行业以茶待客不仅是传承中国奉茶礼仪,更重要的是体现对客人的尊重和关心体贴,同时给客人介绍花茶的养生知识,提升服务质量。

一、奉茶礼仪基本常识

奉茶礼仪的基本原则如图2-6-1所示。

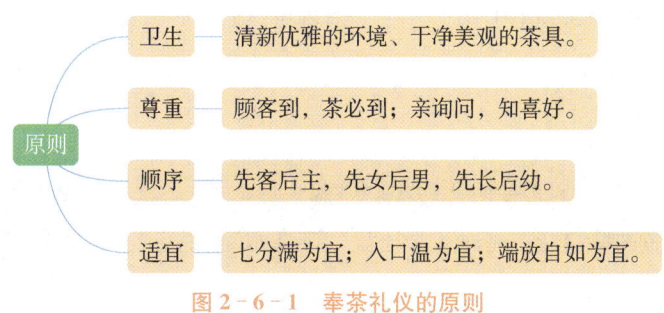

图2-6-1 奉茶礼仪的原则

(一) 准备工作

1. 准备茶具：茶杯完整、干净、无水渍，且高温消毒。
2. 茶水准备：水温适宜入口，倒入杯中七分满。

(二) 送茶标准动作

(1) 送茶时，双手端起（右手握杯旁，左手托杯底）。送入时，微笑着说："×姐，您好！请用茶"，同时可以问客人要不要看杂志、产品资料等。

(2) 先端给客人，客人不接时再放到桌子上，杯耳朝向客人的右手。

(3) 若客人有物品在桌子上，要将茶杯放在桌子左边或右边；放置杂志时必须将书的封面朝向客人，并在桌子上放正，不可歪斜放置。

二、奉茶礼仪的注意事项

(一) 注意卫生

(1) 注意卫生，端茶时手指切勿碰触杯口或将手指攀放在杯口上。

(2) 随时注意桌面干净，斟茶时勿将茶水滴落在托盘上，防止端茶时茶水溢出而污染客人的服饰。

(二) 注意礼仪

(1) 倒茶不可太多或太少（七分满），茶水的温度不宜过烫，以适合客人入口为宜。

(2) 一次端两个以上茶杯，一定要用茶盘。

(3) 斟茶前检查茶具是否完好，茶杯有裂口或缺角时不可使用。

(4) 茶杯放置的位置应便于客人端杯饮用。

(5) 不要用一只手送茶。

(6) 把握好续水时机，及时给客人添水，不宜等到茶水见底后再续水。

 任务分析

对于准备茶具、敬茶的动作，经过服务礼仪培训较容易掌握。美容行业从花茶的养生保健功效考虑，根据不同季节、不同美容项目可搭配不同功效的花茶。这就需要掌握美容会所（院）常用花茶的养生知识，并能灵活运用于奉茶礼仪的实践中。能够根据不同的顾客准备适合的花茶并介绍，让顾客从一杯花茶中获得一些养生知识，倍感温暖、贴心。要做到奉茶与养生知识的应用有一定难度，这也是美容行业奉茶礼仪不同于其他服务行业的意义所在。

 任务准备

(1) 美容服务中奉茶实景图片或视频资料。

(2) 奉茶训练物品准备：茶杯（含托盘）、矿泉水、茶品。

任务实施

一、奉茶礼仪训练

(一) 奉茶动作分解

奉茶动作可分解为准备、放茶、示意、还原4个步骤(如图2-6-2)。

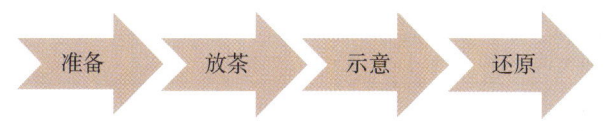

图2-6-2 奉茶动作分解

步骤一:采用标准站姿,面带微笑,左手平放置于胸前,右手以C形握杯姿势轻放于左手四指上方。

步骤二:身体前倾30°,双手滑向前方送出,面带微笑,目光看着顾客,将茶摆放到顾客右前方的桌面(图2-6-3)。

步骤三:左手收回于腹前,右手掌心成水平45°,示意用茶,同时说"您好!请用茶!"

步骤四:示意用茶姿势保持3秒后,缓慢还原标准站姿。

图2-6-3 奉茶的姿势

(二) 模拟练习

按客人进店→引导入座→奉茶→引荐美容顾问这一流程,分组进行练习。每组3~5人(美容师、美容顾问、顾客、旁观者),角色互换,反复练习,互相纠正,直至掌握。

(三) 力度训练

手腕力度不够,奉茶时容易抖动。在掌握奉茶礼仪流程及要求的基础上,根据个人情况加强手腕力度训练。学习者可在手腕挂矿泉水瓶来练习手腕的力量,对着镜子或者录像,练习奉茶礼仪动作要领并熟练运用。

二、奉茶礼仪运用

学习者通过训练考核后,到美容会所(院)门店,将所学奉茶知识及技能运用于美容服务中。按照会看、学做、能做、提升的学习过程达到熟练掌握并运用的目的。

(1) 会看:是因为对工作流程和客人不了解的情况下,先看。

(2) 学做:在师傅的指导下,尝试着为到店的客人备茶、奉茶。

(3) 能做:能够按照奉茶礼仪要求,独立完成待客任务。

(4) 提升:在熟练完成上述练习的基础上,能指导新到岗的员工给客人奉茶。

美容礼仪

 任务评价

1. 分组评价：奉茶礼仪训练效果测评具体内容见表2-6-1。

表2-6-1 奉茶礼仪展示评价表

组别	内容	自评	互评	教师评
第一组	送茶动作			
	面部表情			
	使用语言			
第二组	送茶动作			
	面部表情			
	使用语言			

2. 想一想，说一说：美容会所（院）常用的花茶有哪些？设想，在炎热的夏天，当客人一踏进美容会所（院），美容师端上一杯花茶，让客人神清气爽。待客人做完护理后，又给客人奉上一杯花茶，如果再加上适当的功效说明，让客人带着体香和放松的心情满意而归，令服务增色不少。

 能力拓展

在实际工作中，能够根据顾客体质情况或季节变化，介绍花茶的饮用知识。

知识链接

饮用花茶的"五不宜"

饮用花茶对保健养生、美容养颜有着一定的功效，但因为绝大多数花茶含有中药成分，所以饮用花茶需要注意以下"五不宜"。

1. 不宜随意搭配：要注意花茶的功效、性质等，不要随意搭配。一般说来，花茶混搭最好不要超过3种。

2. 不宜随意饮用：花茶种类较多，功效作用也各不同。在饮用之前需要对花茶的功效做了解，再依据自身的体质调理需要，选择合适的花茶饮用。

3. 不宜过度饮用：长期过度饮用对身体健康不利，比如寒性体质，长期饮用寒性的花茶对身体是有伤害的。所以，必须依据自身体质进行调整，过度饮用很容易适得其反。

4. 不宜空腹饮用：空腹饮用会稀释胃液，会影响消化功能，甚至会出现心慌、头晕、乏力等不良反应，特别是在早晨，一定要吃完早餐才能饮用花茶。

5. 不宜睡前饮用：睡前摄入大量的水分，晚上睡觉可能频繁上厕所而影响睡眠质量。

知识链接

茶艺礼仪之茶人礼仪

1. 鞠躬礼：鞠躬礼通常用在茶艺人员迎宾、茶艺表演及送客的时候，鞠躬礼分为站式、坐式和跪式。行礼的时候，站式鞠躬礼双手要自然下垂、微弯，坐式和跪式需将双手放在双膝前面。

2. 伸手礼：伸手礼是茶事活动中常见的礼节，主要用于介绍茶具、茶叶、赏茶和请客人传递茶杯等。行伸手礼的时候，手指要自然并拢，大拇指往内靠，右手由胸前自然向右前伸，手心向上，同时讲"请""请观赏""谢谢"等。

3. 寓意礼：放置茶壶的时候，壶嘴不能正对着客人，否则表示请客人离开。泡茶最常用的方法为：凤凰三点头，即手提水壶高冲低斟反复3次，寓意是向客人三鞠躬表示欢迎。

4. 叩手礼：叩手礼意指手指轻轻叩击茶桌来行礼，单指叩击茶桌两三下，表示谢谢你的寓意。有的地方，前辈给晚辈倒茶时，晚辈必须双手指叩击茶桌以示谢谢。

（邵　华）

任务七 手势礼仪

 学习目标

1. 熟悉常用手势的含义、规范手势动作要领及适用场合。
2. 能够在工作中正确运用手势礼仪。

 情景导入

俗话说:"心有所思,手有所指",手势是最有表现力的一种体态语言,是人们在交往时不可缺少的动作。手势表现的含义非常丰富,表达的感情也非常微妙、复杂,不同手势表示不同的意义。手势作为仪态礼仪的重要组成部分,是一种动态的语言,能很直观地向客人传递我们的情绪和态度,其魅力并不亚于眼睛,应该正确地使用,使用不当会给人造成蔑视对方、没教养的印象。那么,哪些手势在美容服务中常用?你做对了吗?下面我们就一起来比划比划吧。

 相关知识

一、常用手势含义及动作要领

1. "横摆式"手势:五指伸直并拢,手掌自然伸直,手心向上,肘作弯曲,腕低于肘。以肘关节为轴,手从腹前抬起向右摆动至身体右前方,不要将手臂摆至体侧或身后。同时,脚站成"丁"字步。头部和上身微向伸出手的一侧倾斜,另一手下垂或背在背后,目视宾客,面带微笑。

使用场景:在前厅门口或房间过道,表示"请进",让客人进入室内。

2. "斜摆式"手势:左手或右手屈臂由前抬起,以肘关节为轴,前臂由上向下摆动,使手臂向下成一条斜线。

使用场景:在咨询室或休息区等区域,表示请客人入座。

3. "直臂式"手势:五指伸直并拢,手心斜向上,曲肘由腹前抬起,摆向应到的方向,摆到肩的高度时停止,肘关节基本伸直。应注意在指引方向时,身体要侧向来宾,眼睛要兼顾所指方向和客人。

使用场景：为客人指引方向时，表示往前走。

4. "屈臂式"手势：如以右手引领顾客时，右手五指伸直并拢，从身体的侧前方，由下向上抬起，上臂抬至离开身体45°的高度，然后以肘关节为轴，手臂由体侧向体前左侧摆动成曲臂状，请顾客入室。

使用场景：进入房间或电梯，表示请客人进入。

5. "介绍"手势：为客人做介绍时，手势动作应文雅。无论介绍哪一方，都应手心朝上，手背朝下，四指并拢，拇指张开，手掌基本上抬至肩的高度，并指向被介绍的一方，面带微笑。应注意在正式场合，不可以用手指点或拍打被介绍一方的肩和背。

使用场景：前台向客人介绍为她服务的专业人员（美容师、美容顾问或店长）。

6. 递接物品：递接物品时应做到：双手为宜（至少用右手）、递于手中、主动上前（主动走近接物者，坐着时应站立）、方便接拿。

使用场景：到店或离店时与客人之间的物品递接。

7. 挥手道别：挥手道别时要做到：身体站直、目视对方、手臂前伸、掌心向外、左右挥动。

使用场景：送客人到门口或停车场。

二、手势运用注意事项

1. 简洁明确：手势必须简洁，使人看清、看懂，不能含混不清。

2. 幅度适中：手势的高度上界一般不超过对方的视线，下界不低于自己腰部；左右摆动的范围不要太宽，应在胸前或右前，也不宜过小，更不要生硬或缩手缩脚的放不开。

3. 频率适中：在与客人交谈的时候，手势宜少不宜多，恰当的表达即可。多余的手势会给人留下装腔作势、缺乏涵养的感觉。

4. 自然得体：根据使用场景及对象的不同，手势要与语言表达相一致，不能刻意模仿。同时，手势应与整个面部表情协调一致。

 任务分析

虽然手势是日常交际中频繁使用的肢体语言，但如果手势运用不规范，在与客人交流的过程中运用不当，可能会留下不好的印象。所以入职美容行业，应该重视手势的正确运用，表现专业人员良好的修养，为服务增值。手势的训练与站姿、微笑和言语配合才能达到整体的协调统一，同时要注意纠正不良手势、注意手势使用不当等问题，比如当众搔头皮、掏耳朵、手指指着客人说话等。特别要注意引导手势幅度练习，幅度过大或手势过多，会使人觉得浮躁张扬；过小又会显得拘谨不大方，手势太生硬不美观。

 任务准备

（1）通过线上、线下多种方式，自学社交礼仪知识，了解手势礼仪含义及文化差异

美容礼仪

等,为本任务学习奠定理论基础。

【案例:丧失友谊的手姿】小美是美容店的一名资深美容师。一天,一位德国女性来店咨询美容服务业务,当问及是否能够进行背部中医护理操作时,小美用"OK"手姿给予回答,没想到德国客人立即面露不悦之色,没有多说,起身离去。后来,小美才知道该顾客不高兴地离开的原因,是那个"OK"手姿被德国人理解为"你是个屁眼儿"。

(2)物品准备:穿衣镜或仪态训练镜、椅子。

(3)美容服务的情境准备:迎宾、引领、入座、奉茶等美容服务情境。

 任务实施

一、分组模拟练习

1. 情景演示:由教师示范。

(1)引领顾客进行横摆式手姿练习(表2-7-1)。

2-7-1
手势礼仪训练

表2-7-1 横摆式手姿练习要点

接待人员	手势	话术	备注
一人站顾客左侧进行引领,一人负责准备茶水	• 站在顾客的左侧一步之距 • 左手五指并拢,掌心向上呈横摆式指引手势,示意顾客应走的方向	• 您这边请,我是美容师××,有什么可以帮到您 • 请问怎么称呼您 • ×女士,请问您有预约吗	• 预约顾客(提前准备好茶水) • 新顾客(由第二接待人员准备好茶水)

(2)请顾客入座,斜摆式手姿练习(表2-7-2)。

表2-7-2 斜摆式手姿练习要点

接待人员	手势	话术	备注
美容师	• 先顾客一步双手无声轻托出椅子 • 左手呈斜摆式请坐姿势,当顾客准备就座时,再将椅子前向推进一寸左右	• ×女士,您这边请坐	• 双手无声轻托出椅子 • 左手呈"请"姿势请顾客入座

(3)请顾客入室,曲臂式手姿练习(表2-7-3)。

表2-7-3 曲臂式手姿练习要点

接待人员	手势	话术	备注
美容师1~2位	• 标准站姿站于顾客的右前方两步距离 • 右手标准曲臂手姿示意顾客进入护理室 • 面带微笑,目视对方	• 您好!欢迎 • ×女士,里边请	• 提前开好护理室房门 • 提前做好护理室的常规准备

2-34

任务七 手势礼仪

2. 小组训练——集体学习：3～4个同学一组，立于镜前，在组长的带领下按照美容服务中的各种服务情景，根据教师的示范进行手姿训练，注意纠正不良手姿习惯。

3. 练习效果测评：根据手势动作要领，对下面这位美容师的手势进行点评。

立于镜前，对照美容服务中标准手姿图片（图2-7-1），反复练习，直至掌握美容服务中标准手势要领并能熟练运用。

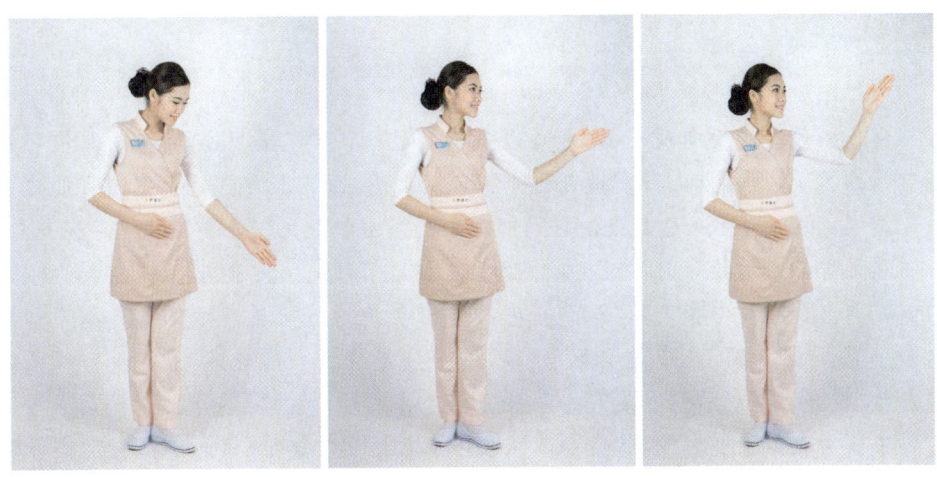

图2-7-1 对美容师手势进行点评

 任务评价

以小组为单位，进行标准手姿展示，以自评、互评、教师评方式评价学习效果。评价方式如表2-7-4。

表2-7-4 标准手姿展示评价表

组别	内容	自评	互评	教师评
第1组学员	斜摆式			
	横摆式			
	屈臂式			
	直臂式			
第2组学员	……			
	……			
	……			
	……			

美容礼仪

 能力拓展

1. 能够对新进员工进行熟练地标准手姿训练。

2. 手势是体态语言之一。在不同的国家、不同的地区,手势有不同的含义,需懂得他们的手势语言,以免闹出笑话,造成误解。

知识链接

礼仪小贴士

食指一般不能指向别人,但是可以指向自己。不过中国人说"我"的时候习惯指自己的鼻子,而西方人习惯指自己的胸口。于是,西方人常常会为中国人的这一手势纳闷:他们为什么总是议论自己的鼻子呢?由此可见中外手势礼仪存在差异。

在用手势表示数字时,中国伸出食指表示"1",欧美人则伸出大拇指表示"1"。中国人伸出食指和中指表示"2"。在中国伸出食指指节前屈表示"9",日本人却用这个手势表示"偷窃"。中国人表示"10"的手势是将右手握成拳头,在英美等国家则表示"祝好运",或示意与某人的关系密切。

中国人表示赞赏之意,常常翘直大拇指,其余四指蜷曲;翘起小拇指则表示蔑视。日本人则用大拇指表示"老爷子",用小拇指表示"情人"。在英国,翘起大拇指是拦路要求搭车的意思。在英美等国,以"V"字形手势表示"胜利""成功";在亚非国家,"V"字形手势一般表示两件事或两个东西。

(古 颂 蔡成功)

模块二 美容服务礼仪
——语言的艺术

"人无礼则不立,事无礼则不成"已成为大家的共识,人与人之间第一印象的建立,70%靠的是身体语言,30%靠的是语言交流。对于美容行业来讲,礼仪贯穿于美容服务全流程,在进行专业护理的过程中,注重服务细节、美容服务礼仪运用,处处体现出对顾客关心体贴、礼貌周到的专业服务才能与顾客建立长久的合作关系。因此,除了形象好、技术佳以外,美容服务礼仪起到关键性作用,其内容包括美容服务基本礼仪,美容服务沟通礼仪。美容服务礼仪是在职业形象礼仪基础上的提升。

 单元三 美容服务基本礼仪

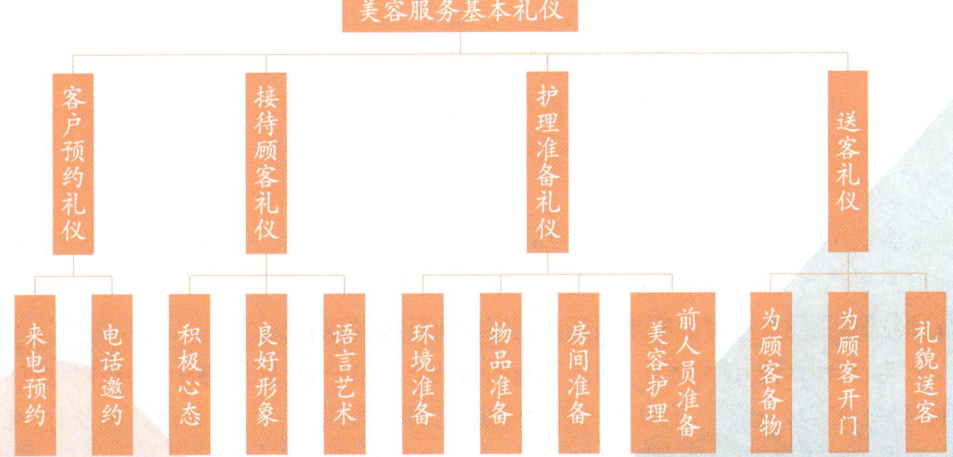

任务一　客户预约礼仪

学习目标

1. 了解美容会所（院）预约服务的目的，以及预约服务礼仪的重要性。
2. 具备运用预约礼仪独立完成岗位预约服务操作的能力，能合理安排通过电话、微信、App等方式预约的客户。

情景导入

某天中午，美容师小雅在前台值班，正低头用手机回复顾客信息，这时前台电话响起，小雅心不在焉地拿起电话："喂，哪位？"话音未落，对方开口就说："你是××美容院吗？怎么这么慢才接电话？我周五来做护理，美容师小红在吗？"小雅不紧不慢地说："您叫什么名字？小红正忙呢？其他美容……"话还没有说完，对方就把电话挂断了。结果小雅为这次事故受了处罚。大家思考一下小雅为什么会受到处罚？

相关知识

预约服务是美容会所（院）前台的主要工作之一，服务对象有新顾客，更多的是老顾客。预约形式多样，主要包括现场预约服务、电话预约服务、短信预约服务和网络预约服务。最常用的是电话预约服务，包括顾客来电预约和电话回访邀约。对于电话预约，因为事先不知道客户会如何回答，更锻炼美容师/顾问的电话沟通技巧。

一、美容预约服务的意义

美容会所（院）经常会遇到这样的情况，由于美容师/顾问人手不够或顾客过多、消费时间过于集中等造成顾客长时间等候的现象。为缓解这一状况，大多美容会所（院）形成预约制，预约服务可以实现顾客与美容会所（院）的双赢。

从美容会所（院）的角度讲，预约服务的目的是：第一，让顾客感受到美容会所（院）对她的关心和关爱；第二，充分利用店内资源，合理安排人力；第三，帮助顾客及时、有效地实现求美需求；第四，激活卡项，防止呆卡、死卡的形成。

任务一 客户预约礼仪

从顾客的角度讲,在时间方面,预约服务可以为顾客安排合理的时间到达美容会所(院);在专业方面,预约服务可以保证专业的优质服务;在人文关怀方面,预约服务可以让顾客与自己熟悉的美容师交流而得到身心的愉悦。

总之,预约服务能让顾客的消费过程更加安心、愉悦、舒心。同时,还可以加深美容会所(院)在顾客心中的良好印象,为培养忠实顾客打下基础。预约服务大大提高了美容会所(院)的服务效率和客户满意度,已经成为顾客评价美容会所(院)的重要指标之一。

二、预约服务礼仪

预约服务的对象是有求美需求的顾客,所以在预约服务过程中,应特别注重预约礼仪。如在现场预约时,要融入微笑礼仪、仪态举止礼仪和语言礼仪技巧;在电话预约时,要面带微笑,使用敬语、尊称,采用征询、关爱的语气等,同时要结合美容会所(院)预约安排的登记表,有效完成与顾客对接,以及与店内关联岗位对接,确保服务项目、时间、服务人员等工作内容落地。

(一)电话预约服务礼仪要求

1. 必须做到:电话接听及时,去电时间适时;表情自然,始终面带微笑;问候温婉,措辞适度,不急不躁;表达热情,记录明确,预约落实到项目、具体时间和人。

2. 杜绝不良行为:在实施电话预约服务时,表情不可多变搞怪;不可一边通话一边搔首弄姿或到处张望;不可坐态随意、摇晃身姿;语音、语调不可呆板、迟疑或不耐烦,避免出现缺少热情积极的语境感受;不可给顾客留下服务态度差、应付的感觉;不可因顾客的要求过多而有过激情绪,出现语言生硬、不耐烦等表现。

(二)来电预约服务礼仪

致电美容会所(院)预约服务的顾客主要是已经有卡项的老顾客或有明确求美需求的新顾客。岗位工作主要任务是为老顾客完成预约护理时间和操作美容师;为新顾客完成项目咨询,最终达成进店体验或开卡。前台预约的基本礼仪要求如下。

1. 接听电话礼仪

(1)及时接听电话:电话铃响2声内必须拿起电话筒,让来电顾客感受到我们对她(他)的重视,给顾客留下工作负责、积极主动的良好印象。

(2)调整仪容仪表:接听电话时,美容师要衣冠整洁,调整坐姿(挺胸坐直,坐在椅子的前1/3),妆面整齐,面带微笑。

(3)自我介绍:拿起电话的第一句话要向对方报知单位名称以及自己的姓名,让顾客知道本次电话接待的服务人员是谁,然后询问顾客本次电话需要协助解决的事项,同时做好顾客来电信息记录。

2. 问候关注礼仪

(1)接听电话时,始终保持微笑,表情自然,运用礼貌的见面语,积极热情地发出问候语,代表美容会所(院)欢迎顾客的来电。然后以礼貌的口吻征求、询问顾客姓名。

（2）问候时语速不快不慢，语气亲切，语调热情，吐字清晰，词语使用恰当，使用敬语，如"您、请、贵姓"等。

（3）如果遇到顾客急躁或情绪过于激动时，要从关心顾客的角度出发，语气平和，使用安抚的语言，温和亲切地问清顾客本次来电的事由，不急不躁，耐心沟通。

3. 确认顾客需求礼仪

（1）确认顾客的服务需求：保持良好仪态，向来电顾客了解本次来电的服务意向，需要什么类型的服务。对于新顾客，要了解其求美需求是什么，向其介绍项目或预约到店咨询的时间；对于老顾客，要确定其预约的项目名称或卡项名称，以及对美容师安排的要求，并根据顾客信息核对护理服务表。

了解顾客来电意向时，要认真倾听顾客的需求、目的和想法。如果未明确顾客意向时，要用礼貌用语、恳请的语气，让顾客再次说明想法；如果顾客未听清楚或不理解服务者的表达时，不可带有反感情绪，表现不耐烦语气；不可表情僵硬或做搞怪表情，让对方产生美容师工作随意、服务素质低的感觉。

（2）确定约定服务项目、时间和人员：明确顾客预约的需求后继续保持面带微笑、标准坐姿，用温和的语言，肯定的口吻，与顾客确认预约的项目类型、服务的美容师及具体时段；同时，将顾客本次来电事项内容（服务预约、购物咨询、异议投诉）等信息，详细、完整、规范地记录在预约登记表中。再次确认顾客是否认同、接受本次预约安排，有无其他服务需求后，感谢顾客来电预约，提醒顾客预约的服务时间，用礼貌语结束本次通话，等待顾客挂断电话后，方可放下电话。

4. 预约对接、确认礼仪

（1）完成顾客来电预约服务确认后，还要及时与店内相关岗位确认落实顾客预约服务事项，准确、及时、有效地为顾客进店服务做好准备，提高工作效率和效能。

（2）对接、确认时要面带微笑，手持顾客预约表或护理服务表，语言简练地向店长（顾问）确认并核对顾客项目卡的相关信息，确保顾客卡项有效，然后与提供服务的美容师确认服务时段，避免美容师在此时间段安排其他服务或因休假等原因使顾客的预约落空，影响顾客护理服务的顺利开展。

5. 顾客异议处理礼仪：对于顾客异议的问题，要耐心倾听，不要打断顾客的倾诉。在了解清楚原因后，能够自己解决的要耐心、有理有据地解释说明；对自己无法解决的问题要先安抚顾客，做好记录，并及时向店长准确汇报顾客意愿，尽快跟进，向顾客反馈解决的方法和建议。

（三）电话回访邀约服务礼仪

美容会所（院）回访预约服务的对象是美容会所（院）的老顾客或准顾客。

1. 岗位工作的主要任务

（1）表示对老顾客的关爱，提醒老顾客适时到店进行项目疗程护理。

（2）进行顾客项目效果回访，收集效果信息，并给予适宜的建议。

（3）邀请顾客到店体验适合的卡项服务，或结合近期美容会所（院）活动主题和内容,跟顾客分享或推荐更好的项目,帮助顾客解决美容美体需求。

(4) 指导顾客居家配合项目产品合理搭配使用护肤用品,达到皮肤管理和健康管理的目的,同时提高复购率,形成自然返单的营销状态。

2. 具体要求:电话回访邀约是一门营销技术,不仅考验美容师的专业知识和专业技术是否扎实,还需要美容师具备良好的个人素养和责任意识。

(1) 分析信息、准备话题:电话回访邀约顾客时,要先查阅顾客护理档案,了解该顾客已经有的项目卡、皮肤状态,以及护理效果的满意度等。根据顾客信息,仔细分析顾客的需求和消费习惯,然后围绕如何引发顾客再次进店的兴趣与动力,准备致电的话题。

1) 选择合适的时间:电话回访邀约的时间非常重要,要选择适合的时间致电顾客,以提高本次电话邀约的效率,避免顾客因工作等原因,拒绝接受本次电话互动。

2) 礼仪要求:致电顾客时要先调整情绪,保持标准坐姿,呈现积极热情的状态,面带微笑,拨打顾客电话至顾客接听。同时,将顾客护理档案放在右手边,拿好笔和记录本,准备进行电话邀约的信息记录。

(2) 致电沟通

1) 问候与自我介绍:给顾客致电时要面带微笑;顾客接听电话后,使用礼貌敬语问好,亲切地确认顾客姓名,语速适中,语气中流露出积极、热情、亲切的气息。然后简洁地自我介绍,以征求的口吻,得到顾客对本次电话沟通的认可。让顾客在轻松、自然、顺畅的情景下,进入邀约服务的沟通对话中。

2) 说明事项:继续面带微笑,语速适中、语言简洁地表达说明本次电话的事项内容,尽量从顾客的需求角度出发,与顾客形成良好的有效沟通,并通过沟通使主、客双方对所开展的服务项目达成一致意见,促进顾客进店或成交。

在说明事项的过程中,不要自顾自地说个不停,要仔细聆听,认真清晰地记录顾客反馈的疑问、顾虑等问题。若顾客对本次沟通的事项有不明或存在异议,可直接解答,及时讲明说清,语言中不可带有不确定或强硬的措辞和语气,不要让顾客心存疑虑。

如果在电话沟通中,顾客对之前的服务进行投诉,要耐心聆听。最好不要马上处理或回复,应告知顾客,一定会向店长反馈,而且之后要及时电话回访,给出解释或处理意见。

3) 邀约服务确认:顾客服务确认时,美容师要面带微笑,坐姿端正,用温和、肯定的口吻,向顾客说明本次电话沟通的核心事项内容(如预约到店服务、品项订购、使用方法指导、结算方式、顾客异议等),并详细、完整、规范书写记录在预约服务类表格中。确认顾客对本次邀约服务沟通的相关事项无异议后,可提醒顾客按预约时间到店服务或完成新成交项目的结算方式等,再次感谢顾客接听本次电话。待顾客挂断电话后,方可放下电话。

顾客回访邀约后,需及时落实顾客对本次邀约服务事项的结果;对顾客反馈的问题,做到及早解决、尽早答复,不要给顾客留下做事拖沓、办事不认真的不良印象。

4) 预约对接确认:有效完成顾客电话邀约后,整理好职业装,检查职业妆容,保持

微笑,手持顾客预约表或护理服务表格,语言简练地向店长或美容顾问汇报(反馈)本次有效邀约顾客的工作结果。

(3)品项复购的结算及配货:顾客达成品项复购,需与店长或顾问反馈结算方式(卡内结算、另行支付),跟进顾客付款结算及配货、发货。

三、预约注意事项

1. 把握预约时间:美容师/顾问在预约客户时要充分考虑各种服务项目所需的时间以及美容师的数量、工作状况及可能出现的特殊情况,既不能把预约与间隔时间留得太短,也不能太长,确定合理的预约与间隔时间是提高美容会所(院)工作效率及客户满意度的关键。美容会所(院)也要合理安排美容师的工作,预约与间隔时间的分配应妥善安排,以求取得最高的工作效率。

2. 提前提醒顾客:现实中,经常会出现顾客即使预约了时间,也会在护理中临时决定增加或减少项目。如果处理不当,将美容师闲置或延误下一位客户服务的时间,可能会引起顾客不满;如果顾客不能如约而至,也会导致延误下一位顾客服务的时间或减少顾客服务时间,引起顾客不满。所以,首次提醒,与顾客确认预约时间和项目时,要委婉提醒顾客按时到达,如果迟到了可能会导致下一位预约顾客久等。为避免顾客忘记预约时间,可提前 1 天或提前 2 小时再次提醒客户美容服务的时间,让顾客了解美容师的工作日程都是事先安排好的,不能随意变更,否则会影响为顾客提供更好的服务。

 任务分析

通过学习,可以清晰地知悉,电话预约服务礼仪是美容会所(院)前台美容师必须遵循并且做到的工作;是增进顾客黏性、提高顾客进店率的方法之一,也是美容会所(院)提供优质服务的窗口。

"情景导入"中小雅的做法明显违反了邀约服务礼仪要求。首先,小雅没有及时地接听电话,让顾客感觉被轻视;其次,小雅接听电话的语言、语气,就像居家聊天,反而由顾客来确定你的单位,这是明显的失礼;最后,小雅的漫不经心使这次来电预约服务失败,在美容会所(院)是不允许发生这样行为的,这也是小雅必须承担责任的原因。所以,掌握预约服务礼仪不仅仅是展现个人职业形象,更重要的是维护企业品牌形象,保证美容会所(院)的正常经营。

在预约服务礼仪的学习过程中,往往会因为学生(学徒)对预约工作流程的不熟悉、不清楚、准备不够、服务意识不足等问题,出现预约服务礼仪失态。轻者导致顾客对预约服务不满意,重者导致预约服务失败。所以,在进行电话预约服务时必须避免以下问题:①对预约服务礼仪要领掌握不牢;②对顾客具体的要求理解不足,语言运用不当;③对预约服务礼仪的重要性缺乏足够的重视;④缺乏对预约工作情景的学习和实践。

要想学会独立有效运用电话预约服务礼仪,学生(学徒)既要熟悉预约服务流程,还要具备优质服务的意识;需要在师傅的指导下,不断认真刻苦学习和反复多次的岗位实践训练,在与不同的顾客群体接触中积累经验,只有这样才能真正掌握预约服务的技能。

任务准备

1. 教学准备:职业形象(服装、发饰、妆容及仪态举止)准备,来电预约及电话邀约服务流程,礼貌用语与服务话术相关实景图片或视频资料。

2. 物品准备:电话、顾客预约表、笔。

任务实施

一、来电预约服务礼仪岗位操作练习

(一)跟我学——教学示范

学生(学徒)在观看教师(师傅)示范后,根据预约服务情景,按照来电预约的步骤进行预约服务礼仪岗位操作模拟。

步骤一:及时接听电话。美容会所(院)前台,做好接电话准备。

步骤二:问候关注。使用见面语给予问候,语音、语调、语速、语言组织要符合美容服务沟通礼仪要求。

> 【案例1】 参考话术
>
> 早上(下午)好!感谢致电××美容会所(院),我是前台(店长、顾问、美容师)××,请问怎么称呼您?

步骤三:明确顾客来电意向。经过沟通,了解顾客来电意向,并提供相应服务。

> 【案例2】 参考话术
>
> ×姐,您好!有什么可以帮到您?
> 好的,很高兴为您服务,我马上帮您预约。

步骤四:约定项目、时间与人员。确定预约项目、到店时段、推荐美容师。

> 【案例3】 参考话术
>
> ×姐,您好!已经帮您做好预约登记,您预约的护理时间是×日(星期×)×时,帮您约好了××美容师,进行美容(美体)的××项目。您想要解决面部(身体)××问题。帮您预约×日×时××顾问,为您进行美容(美体)××问题的咨询诊断。

欢迎您×日×时来店,我们会为您提供最优质的服务。还有其他可以帮助您的吗?感谢您本次来电,我们×日×时再见。

步骤五:预约对接确认。与店长、顾问、美容师、调配师对接顾客预约服务信息,跟进落实。

【案例4】 参考话术

店长(顾问)您好!××顾客来电预约,×日×时,××美容师,为她进行美容(美体)的××项目服务,以及××顾问为她进行美容(美体)××问题的咨询诊断。

备注:可根据不同岗位情景设计顾客来电内容,让学生(学徒)准备好情景话术,进行预约服务训练。

(二)做中学——来电预约服务礼仪岗位训练

教师(师父)指定情景,让学生(学徒)进行反复练习,逐渐掌握预约服务礼仪中接听电话礼仪的操作。通过训练,熟悉并能运用预约服务礼仪独立完成来电预约操作流程。

1. 预约准备(设计对话)

【情景1】老顾客来电预约服务时间。

老顾客王姐,1个月前在会所办了1张肩颈护理疗程卡,卡次为10次,使用的是某美肩套盒配合生命核能仪器。到目前为止,只做了2次,每次间隔1周以上。

【案例5】 参考话术

王女士:我想预约下周三下午2点让小白给我做肩颈护理,能安排吗?

前台:王姐您好!时间可以的,不过小白已经安排为其他顾客操作项目了,帮您安排小红可以吗?

王女士:小红手法好吗?之前都是小白给我做的,那我再约别的时间吧。

前台:王姐,您是我们会所老顾客了,您放心,小红是医学美容技术专业毕业的美容师,在我们会所工作3年了,手法很好,您放心吧。

王女士:那好吧。

前台:好的,王姐,您预约了下周三下午2点,小红为您做肩颈护理服务(等顾客确认)。我会帮您提前安排好房间。还有什么可以帮您的吗?

王女士:没有了,再见。

前台:感谢您来电预约下周三下午2点肩颈护理服务,祝您生活愉快!

任务一　客户预约礼仪

2. 岗位模拟训练——角色扮演：3个学生(学徒)一组，分别扮演不同的角色，包括顾客、前台、美容顾问，进行来电预约服务礼仪岗位训练，注意角色互换。

二、回访邀约服务礼仪模拟训练

(一) 跟我学——教学示范

学生(学徒)在观看教师(师傅)示范后，设置回访邀约服务情景，按照电话邀约服务的步骤进行邀约服务礼仪的岗位操作模拟训练。

步骤一：分析信息、话题准备，致电沟通。编拟沟通话术，准备好职业状态(微笑、坐姿)、语言(敬语)与见面礼节。

【案例 6】 参考话术

您好！您是×姐吗？我是××美容会所的前台×××(店长、顾问、美容师)。

步骤二：事项说明。保持面部微笑，标准坐姿，手持护理类表格和纸笔。

【案例 7】 参考话术

×姐，您在我们会所(院)开了××项目的护理年卡，我们很关心您的皮肤(身体)状态，来电与您做一次效果回访。

根据您皮肤(身体)表现的××情况，在我们会所(院)进行了××项目服务，现在皮肤(身体)的情况比以前在××方面有哪些改善？

是吗？那太好了(或哦,是这样)，要想达到更佳的护理效果，您要按照我们美容顾问给您的方案坚持到店护理，这次距您上次护理间隔了××天(周)了，您看下周是否可以安排时间到我们会所，再次为您进行服务呢？

步骤三：顾客服务确认。面带微笑，语言亲切，使用致谢礼仪。

【案例 8】 参考话术

×姐，您这次预约的护理时间是×日×时，××美容师为您操作皮肤(身体)××卡项，请您确认。

谢谢您！期待到店为您服务！感谢您接听我的来电，祝您生活愉快！工作顺心！

步骤四：部门对接确认。面带微笑，采用标准站姿，使用递物礼仪。

3-9

【案例9】 参考话术

××店长(顾问),回访××顾客,这是本次回访记录,她将在×日×时,让××美容师为她进行美容(美体)的××项目服务,可让调配师××做好产品调配准备,安排在××房间。

(二) 做中学——电话邀约礼仪岗位实践

教师(师傅)设置岗位情景,在真实岗位中反复实践,逐渐掌握预约服务礼仪中电话邀约礼仪规范。通过实践,熟悉并能运用电话邀约服务礼仪,独立完成电话邀约操作流程及实施步骤。

【情景2】老顾客项目服务电话邀约。

陈女士在美容会所(院)开了3张护理卡。其中有1张面部基础养护卡,共有12次,已做过3次,距上次护理时间间隔了1个月。还有2张身体养生卡,1张是开背卡12次,做过5次;另1张是肠胃养护卡12次,做过3次,与现在间隔了1个月。

1. 待客准备

(1) 准备资讯:在前台查看系统,了解客人姓名、年龄、职业、客人喜好、上次到店时间、上次到店所做护理项目、客人的剩余疗程;查看之前的沟通记录,了解美容师和顾问与客人沟通的内容。

(2) 准备妆容:美容师/顾问在休息室为自己进行补妆,调整自己的精神状态到最佳,保证以干净清新亮丽的形象展现在客人面前。

(3) 准备物料:美容师在配料间、茶水间等准备相关物料,保证客人踏入店门即感受到温馨体贴。一般要提前15分钟配料,并检查确认物料是否齐全;根据客人服务需求,可提前放水泡浴,提前30分钟煲艾叶,提前10分钟泡好茶水,留意客人到店时茶水的温度。根据客人情况配茶,如做肝胆经项目时泡菊花+枸杞,可清肝明目;月经期泡红糖姜水。

(4) 准备房间:提前准备好客人所用的美容房间,安排好房间内的相关物品,如仪器、泡浴、太空舱等仪器设备;调试房间温度,提前开好冷气/暖气,调节房间音乐音量和房间灯光;检查地面、梳妆台、卫生间、浴缸、床上用品的卫生情况,准备客人专属床单、5条毛巾(3浅2深)、工具箱所有物品;推背时,将铺床的浴巾床头折成两折,床头洞小毛巾折成三角形的无棱面向上,在床头处铺放一条胸巾,一条深色毛巾折成三折放于床头一侧;在客人俯卧时,脚踝处放一个脚枕;盖被的浴巾叠成剪刀状,其双合面朝向床头,在横位对折于床尾;床面平整无褶皱,挂上待客牌。

(5) 准备迎接:在准备好以上内容后,即可到大堂或门口迎接客人的到来。此时,美容师/顾问要保持手机畅通,最好能提前10分钟给客户打个电话,确认客人进度,如,"您好!陈女士,您现在过来了吗?车位已经为您准备好了,方便把您的车牌号告诉我吗?好的。"视天气情况,准备雨伞;比客人先到达指定地方(门口/停

车场/电梯口)等候;如自己忙碌,不能亲自迎接,需要提前安排好,并婉转向客人表达歉意。

以上5项准备工作并不是可有可无的内容,它是保证提供优质高效服务的关键。

2. 岗位实践:根据学生(学徒)情况,安排前台、美容师、美容顾问岗位,按岗位见习→跟岗实习→顶岗实习3个阶段,完成电话邀约服务礼仪的岗位实践。注意角色互换。

【案例10】 参考话术

前台:请问是陈女士吗?我是××美容会所的前台小雅,您在会所开了1张面部基础护理卡、1张开背卡和1张肠胃养护卡。想跟您做一个效果回访,现在您有时间吗?

陈女士:有时间。我现在感觉还不错。

前台:太好了,不过最近气候不是很稳定,您还要多多注意身体哦!我看您的护理记录,您有1个多月没有进行护理了,今天想邀约您明天到会所来,为您调养一下身体。您看可以抽时间过来吗?

陈女士:最近事多,很忙。

前台:您要注意劳逸结合和身体保养。您的面部和身体项目疗程都还有7次,这次可以面部和身体一起帮您服务,不会占用您很多时间。

陈女士:哎呦,还有这么多次啊,都不记得了。

前台:是啊,知道您忙,但现在天气开始炎热,您又总是在空调房里,很容易寒气进入体内,夏季也是肠胃保养的好时机,更想借助季节时气帮您好好调理身体。

陈女士:也是啊。可是明天我没空。

前台:您看,这周哪天,什么时间可以呢?我先给您做好预约,到时在微信里提醒您。

陈女士:周四吧,下午5点。

前台:好的,您这么忙,这次帮您安排面部、开背和肠胃护理一起,小红为您服务可以吗?

陈女士:好的。

前台:好的,我帮您预约好周四下午5点,美容师小红为您做面部、开背和肠胃护理。我会帮您提前安排好房间。还有什么可以帮您的吗?

陈女士:没了,再见!

前台:感谢您百忙中接听我的电话,已预约周四下午5点到会所做护理,祝您生活愉快!我们周四下午见。

温馨提示

预约服务是美容会所(院)前台接待的重要工作,切记以下要求。

1. 前台不能擅自离开岗位,要时刻为迎接顾客或接听电话做好准备。

2. 工作台面固定区域摆放顾客预约登记表格或顾客护理记录表格、笔及记事本或便利贴。为接到顾客电话或电话邀约时,同步完成顾客反馈问题的记录,提高前台接听电话预约服务的质量与效率。

经验分享

美容顾问小李对完成电话预约任务的切身体会

美容师/顾问电话预约顾客一般都是为了确认3项基本信息,要随时准备好接听电话的记录工具(笔和本),记录快而全的技巧,预先把3项信息的关键词写好,接听时快速记录下来并与顾客确认。顾客预约记录及确认如下。

一是确认时间。即确认客户到店时间;确认疗程时长;提示已成功预约,希望准时到达;了解交通路径,预测是否准时。

二是确认项目。即确认操作的项目,以便准备仪器和配料;针对项目,给予相关提醒(如针对解决皮肤问题或健康调理方面的项目应该注意的事项)。

三是确认需求。即准备什么房间(是否需要太空舱、泡浴);若开车过来需要车位,新顾客则需要提醒其路线、老顾客是否有指定美容师等;逢用餐时段确认是否吃好饭才过来。

这3项信息的确认并不是美容师/顾问照本宣科就可以的,顾客的类型不同,需求不同,本来约好的时间或项目,可能因为主观原因或客观原因临时取消或变更(时间、项目)。总之,预约服务面对的人和事千差万别,一切皆有可能发生。要让顾客满意又不让店里的运营受影响,与不同类型的顾客沟通,沟通的语言技巧(语速、语气、语调)、礼貌及做好关键信息的记录很重要。否则,一旦遇到特殊情况,就比较难沟通了。要提高自己的沟通技巧和快速记录的能力,才能应对各种不可预知的特殊情况,而能力提升没有捷径可走,需要勤学苦练、不断积累。平时没有顾客的时候,要多练习。

 任务评价

1. 分组评价:分小组进行预约确认的礼仪技能训练,并以互评、自评、教师评方式进行学习效果的评价(表3-1-1)。

表 3-1-1 预约服务礼仪训练评价表

组别	内容	互评	自评	教师评
第1组学员	职业形象礼仪运用			
	操作步骤与话术			
	注意事项与细节			
	顾客感受			
第2组学员	……			
	……			

2. 思考与改进

（1）在美容会所（院）预约服务中，职业礼仪还有哪些展现形式？

（2）根据不同顾客类型（如斤斤计较型、马马虎虎型、高冷型、无事生非型）以及顾客需求（如皮肤敏感、日光照射后、医学美容术后、皮肤干燥等），如何灵活运用预约服务礼仪技能？

（3）针对电话预约服务礼仪你还有什么想法和建议？

（4）在网络平台、微信、面对面服务中如何应用预约服务礼仪？

 能力拓展

1. 熟练运用电话预约服务礼仪，完成来电预约服务操作流程的相关要求，并收集不同类型顾客的案例，每月不少于10个案例。

2. 熟练运用电话预约服务礼仪，完成顾客回访邀约服务操作流程的相关要求，并收集不同类型顾客的案例，每月不少于10个案例。

3. 具备对新员工进行电话预约服务礼仪培训指导的能力。

4. 实战演练：思思是刚参加工作3个月的美容师，6月10日她想要邀约4位开卡1年多都没消费的顾客，思思拿起这几位顾客名单，就坐在休息室一一打电话。思思打第3个电话的时候终于有人接听，思思连忙作自我介绍："您好！我是××美容会所的美容师思思，方便打扰您两分钟吗？"顾客说："你好，有什么事吗？"思思说："冬病夏治，夏季应该多养生，您什么时候有空来做护理啊？"在思思说话的同时，休息室的同事吵闹起来。顾客回答道："我没有养生的疗程，你那边太吵了，我听不见，我有空了再过去。"顾客马上挂断了电话，思思很是无奈。请讨论以下问题：思思哪些地方做得不对？如果你是思思，你会怎么做？

（叶秋玲　朱　艳）

任务二　接待顾客礼仪

 学习目标

1. 熟悉接待顾客的礼仪原则、动作规范及流程。
2. 能够在新、老顾客到店时,做好美容接待服务。

 情景导入

某美容会所有两位新来的美容师小张和小华,虽然同是新员工,但店长逐渐发现她们的处事、工作风格和效率截然不同。小张很机灵,但她在服务中对于 A 类顾客非常热情,对于其他顾客表现平淡,如迎宾的时候倚靠门墙,语气平淡,东倒西歪,让初次体验的顾客不太舒服,屡屡遭到顾客投诉。由于她的销售业绩高,大家也都没怎么注意。直到有一天一个衣着很普通的顾客过来体验项目,她一如既往地"平淡服务",惹怒了顾客。小华看到后急忙补救,在与顾客真诚道歉后,以贴心、亲切的服务,以及舒服的手法让客人非常满意,顾客还开了店里最高价值的卡项,并在此后介绍了很多优质顾客给小华。

请思考:小张和小华迎宾服务的区别是什么?为什么小华可以让挑剔的顾客满意,她采用的是什么方法?

 相关知识

一、美容服务接待礼仪原则

(一)积极的心态

1. 学会问候:需要让每一位到店的顾客感受到宾至如归,营造令人愉悦、有吸引力的环境,比如:"您好!欢迎光临!""××女士/姐,早上好!""欢迎光临!里边请。""您好!女士,有什么可以帮助您的?"等。

2. 学会微笑:在人与人之间,微笑是一种表达方式,表示愉悦、欢乐、幸福或乐趣。微笑不分文化、种族或宗教,每个人都能理解,它是国际通用语言。当你发自内心真诚地微笑时,顾客也可以感受到你友好、积极的态度,是接待礼仪最基本也是最重要的元素。

(二) 良好的形象

1. 外在形象:包括相貌、服饰、仪态和面部表情,属于非语言范畴的要素。在工作之前,一定要确定工作服的干净整洁、妆面头发整齐、仪容仪表端庄大方、站姿标准、举止恰当、佩戴统一工牌,让顾客认可的训练有素的工作人员形象。

2. 内在礼仪修养:包括自身的文化素养、道德品质、审美能力、工作态度、思维模式及理念等。工作人员要关注良好自身形象的建立,积极地体现对他人的尊重,主动营造和谐愉悦的氛围。

(三) 艺术的语言

1. 学会倾听:接待人员要学会倾听顾客的需求,尽量让顾客把话说完,认真听取她的想法。针对顾客表达的问题要认真思考,表情自然大方,面带微笑。

2. 适度回应:通过倾听顾客的需求,认真思考顾客提出的问题,随时回应顾客,以实际行动表明,你一直在认真倾听顾客的表达,回应顾客可以适时点头微笑回应,也可以是语言表达回应。在倾听顾客表达时,应注视顾客的眼睛或者三角区。

(四) 优美的姿态

1. 坐姿端庄:迎接顾客进店后,指引顾客于上座落座,工作人员在顾客对面座位落座,坐姿标准,面带微笑。

2. 站姿挺拔:指引顾客落座时,工作人员要先请顾客落座,站姿标准,姿态优美,表情自然,面带微笑。

3. 手势指引:根据指引的方向不同,利用不同的手势礼仪引导,如横摆式、曲臂式、斜臂式、直臂式(详见本教材"手势礼仪")。

二、美容服务接待礼仪的动作规范与礼仪练习

1. 接待礼仪动作:在标准站姿的基础上配合迎客的规范动作的练习。
2. 接待礼仪流程:从顾客到店至顾客入座的全过程的练习。

三、美容服务接待礼仪的注意事项

1. 注重修养:良好的礼仪修养,能够提升美容美体企业的品牌形象。缺乏修养的行为,如面无表情、神态紧张、翻白眼、眼睛不直视顾客、在公众场合整理衣饰等行为一定不能出现,要使用优雅的动作姿态。

2. 切勿急躁:了解顾客的需求是最重要的,认真倾听顾客的想法,有助于了解顾客的要求,是提升顾客信任度和舒适度的重要方法,所以对于顾客提出的要求,我们切不可急躁。

3. 言语得当:当下社会,是一个有"礼"走遍天下、无"礼"寸步难行的社会,言语要互相尊重、文明礼貌、热情周到,避免不当言辞引起顾客对企业形成负面影响。

美容礼仪

 任务分析

在美容服务标准接待礼仪的学习过程中,学习者往往会出现紧张焦虑、不会说话、手忙脚乱、思维混乱等情况。出现上述情况的主要原因有:①对美容服务标准接待礼仪的应用缺乏自信;②不知道美容服务的标准接待礼仪是什么;③受到不良个人行为习惯的影响;④未经过严格的美容服务标准接待礼仪的训练。

因此,学习者要在思想上高度重视,积极主动地学习,认真领会美容服务迎客礼仪的标准及要点,并在老师的指导下,经过认真刻苦的训练,才能在接待服务中体现规范的接待礼仪。

 任务准备

1. 教学资料准备:美容服务的标准接待礼仪训练实景图片或视频资料。
2. 物品准备:全身镜、笔、便笺纸、企业宣传书册、使用表格(贵宾资料、需求问诊表、新客登记卡)等。

 任务实施

一、相关知识的准备

(1) 仪容仪表礼仪规范(详见模块一相关内容)。
(2) 仪态举止礼仪规范(详见模块一相关内容)。

二、美容服务迎客礼仪的步骤及常用话术模拟练习

3-2-1
接待顾客礼仪

(一) 学中做——教学示范

(1) 在教师的示范下,按照下列步骤进行接待动作训练。

步骤一:标准站姿。

步骤二:双膝夹住纸片,保持身体平衡。

步骤三:挺胸、收腹、展肩、立腰、提臀,整个躯干有"向上拔"的感觉。

步骤四:头正颈直,双目平视,下颌微收,面带微笑。表达常用礼貌用语(话术)的时候(话术:您好!姐。),头顶放置一本厚书,从站姿脚位不变的同时身体鞠躬45°,要求书本不能落下。

步骤五:摆好手位(话术:里边请!),右手或左手从胸前平滑至右手或左手边,小臂与大臂之间的角度约为60°。

步骤六:顾客离开三步距离后,美容师恢复标准站姿。

(2) 在教师的示范下,按照下列步骤进行接待流程训练。

步骤一:鞠躬问好。接待人员以45°鞠躬礼配合相应话术迎接顾客,行鞠躬礼时头部与眼睛转向顾客(图3-2-1)。

任务二 接待顾客礼仪

图 3-2-1 顾客到店时鞠躬问好

【案例1】 参考话术

工作人员:"您好!欢迎光临××××美容会所。"

【注意事项】所有前厅工作人员在见到顾客时应起身微笑问候;如顾客手中提有重物或物品较多时,应主动帮忙接手。

步骤二:引领入店。接待人员以横摆式手姿礼仪和相应话术引领顾客入店,面带微笑,目光看着顾客。

【案例2】 参考话术

工作人员:"里边请,跟我来。"

工作人员:"×女士/姐,您好!我是×××美容会所的×××,非常荣幸今天能够为您服务。"

工作人员:"请问怎么称呼您?"(新顾客)

顾客回答:"×××。"

步骤三:引客入座。接待人员以斜臂式手姿礼仪指引顾客在上座落座(图3-2-2)。

【案例3】 参考话术

工作人员:"×女士/姐,您请坐。"

顾客回答:"好的,谢谢!"

美容礼仪

图 3-2-2 引客入座

（二）做中学——小组模拟训练

3～4 个同学为一组，立于镜前，按照美容服务的迎客标准礼仪和教师的示范动作进行模拟训练，注意过程和方法。

三、美容接待礼仪岗位实践

通过模拟训练，熟悉接待步骤、常用礼貌用语，然后进入前台岗位进行接待礼仪岗位实践训练。训练过程按照跟岗-顶岗-上岗的学习过程进行，要求每一阶段的学习需通过相关岗位考核，再进入下一阶段的学习，直至达到上岗要求。

 任务评价

1. 评价：以小组为单位，进行美容服务接待礼仪模拟展示，以自评、互评、教师评的方式评价学习效果，评价方式如表 3-2-1。

表 3-2-1 迎客礼仪模拟评价表

组别	内　　容	自评	互评	教师评
第1组学员	迎宾礼仪的标准			
	引领入店			
	鞠躬问好			
	引客入座			
第2组学员	……			

2. 找问题，提建议：以顾客身份到美容门店体验该店的接待服务，对其接待服务进行评价，思考如何改进？

能力拓展

1. 熟练讲解前台接待礼仪的标准流程及常用话术的灵活运用。
2. 能够对新进员工熟练地进行接待礼仪训练和指导。

知识链接

接待礼仪的第一秘诀

顾客接待的第一秘诀就是展示你的亲切笑容。

微笑是世界的共通语言,就算语言不通,一个微笑就能带给彼此会心的感觉。所以,笑是美容接待人员最好的语言工具,在有些情况下甚至不需要一言一行,只要一个笑容就可以打动来宾。

（赵媛媛　叶秋玲）

任务三　护理准备礼仪

 学习目标

1. 熟记美容护理准备礼仪的环境准备、物品准备及人员准备要点。
2. 能够按照规范流程及礼仪要求提前将准备工作做好、做到位,以达到优质服务的目的。

 情景导入

李女士,37岁,自己经营一家外贸公司,平时工作繁忙,是该美容院的VIP客户,今日中午抽空来到美容店做身体护理,负责护理项目操作的是来店里工作时间虽不长,但深受客户和同事喜爱的小丽。小丽接到李女士的项目后,在李女士到店前40分钟就开始严格按照护理前的准备流程进行准备,且非常注重工作细节,备好李女士喜爱的饮品。李女士到店后感觉小丽的服务很细心,体贴周到,就认定小丽为她的美容师。小丽认为:"顾客来美容院做护理,我们不仅要让她的身心得到放松,更多的是提供给顾客超出预期的服务体验。假设你是顾客,如果服务你的美容师很友善热情,同时很了解你的需求、兴趣爱好,甚至还有意想不到的安排,定会感动你的,反之则不然。我们对待每一位顾客都要像亲人一般呵护备至服务顾客,提前做好准备是很重要的。"

从小丽的事例中我们能否知晓美容护理前都需要做哪些准备,以体现对顾客的关心、尊重。

 相关知识

美容行业日新月异,提升美容会所(院)在行业中的竞争力,仅有技术过硬的专业美容师,未必可以吸引到更多的消费者。在保证专业技术过硬的基础上,只有提升服务品质才能够真正站稳脚跟。优质的美容服务是让顾客一进店就感受到赏心悦目、舒适、整洁的环境,享受到全流程热情友善、体贴周到、十分用心的服务。从一开始的准备工作就做好、做到位,无疑会赢得更多顾客的信任。一般在顾客到店前30~40分钟开始准备,根据不同美容项目,进行房间、用物用品及人员的准备。

一、美容护理的环境准备

（一）用物用品准备

1. 浴室用物准备：将顾客用的浴袍、一次性毛巾、保鲜袋、浴帽和一次性内裤拿到浴室架子上，调节水温至38℃（可根据客人需要调整至适宜的温度），确认花洒喷头的方向是否向内，避免开启花洒后水流直接喷向顾客。

2. 美容床用物准备：美容床上的大小毛巾准备为待客状态，铺上一次性床罩，床面平整无褶皱，确保床面光滑平整无发丝，并把消毒过的拖鞋整齐摆放于顾客方便穿脱的地方。

3. 产品准备与摆放：到配料间领取美容项目所需的产品，从左到右按操作流程依次摆放到房间推车上，相关的美容仪器要提前做好消毒、安全检查以及仪器物料的准备。

（二）房间准备

1. 调试房间温度：提前开好冷气（暖气），美容室室内温度在25℃为佳，湿度在45%～50%为佳。

2. 调节房间气氛：根据已知顾客喜爱的香薰味道为美容室铺香；选配顾客爱听的音乐旋律并调整至合适音量；灯光调至柔和状态。

3. 检查卫生：包括地面、梳妆台、卫生间、浴缸、床上用品；确保美容室内角落干净，做到地板、洗手间、水龙头、推车、梳妆台、镜子不能有灰尘、头发及水渍等。

4. 挂上待客牌：确定房间用物、用品等所有准备符合待客要求后拉上窗帘，把顾客常喝或喜喝的饮品准备好放在茶几上，然后关好门窗，在门外挂上待客牌，以示准备使用中。

二、美容护理前人员准备

（一）美容师准备

1. 熟悉顾客信息：美容护理前美容师要"心中有数"，如在前台查看系统，了解顾客姓名、年龄、职业、客人喜好、上次到店时间、上次到店所做护理项目、顾客剩余疗程，翻看之前的沟通记录。目的是提高与顾客沟通的效率，使本次护理建议产品或卡项更有针对性做好准备。

2. 仪容仪表准备：美容师仪容仪表礼仪见本教材单元一的相关内容。

3. 交谈礼仪准备

（1）交谈礼仪：具备令人愉快的声调，统一使用普通话，且发音清晰、规范，表达准确，通俗易懂。

◆ 不清楚顾客姓名时，应以征询的语气问："您好！请问我怎么称呼您？"

◆ 美容护理服务开始前，首先向顾客做简单的自我介绍："您好！×女士/姐，我叫××，今天由我为您做护理，有什么不舒服的地方请及时和我沟通，我会全力为您做好

服务的。"

◆ 然后,将本次美容护理操作过程作简单介绍,让顾客有心理准备。主要告知顾客如何配合,采取怎样的体位,在美容护理中可能出现的感受等。在与顾客进行护理前沟通时,听不清或没听懂顾客问话时,说:"对不起!我没听清,请您再说一遍,好吗?"

3-3-1 美容师护理前准备

◆ 操作前与顾客交谈礼仪举例。

顾客表示感谢时,说:"不用谢!这是我应该做的。"或"别客气!很高兴为您服务。"

顾客对服务准备表示肯定、进行赞扬时,说:"谢谢鼓励!"或"谢谢您!承蒙夸奖。"

当顾客因误解致歉时,说:"没关系/不要紧,这算不了什么。"

顾客提出过分或无理要求时,笑而不语或婉言谢绝,说:"对不起!我要请示店长。"或"对不起!恐怕不行。这件事我得同主管商量一下。"

(2)举止注意:举止礼仪详见本教材"仪态举止基本礼仪"的相关内容。以下是美容师从带顾客准备到服务结束中应注意的事项。

◆ 与顾客交往时,应保持站立服务,不可主动拉顾客的手、手臂或者行握手礼。

◆ 交谈时与顾客保持1米的距离,不可过近,身体上身略微前倾,挺胸收腹,下颌微收,双手腹前相握。

◆ 与顾客在门口相遇时,遵守"尊者优先"的原则,请顾客先进先出,行点头礼,微笑问好,或者以正确的指引手势引导顾客。

◆ 为顾客递交物品时,应双手递送,双手接收,正面朝上,目光专注,微笑示意。

◆ 为顾客递送饮品时,左手托杯底,右手持杯体(或杯柄)递给顾客。

◆ 进入美容室时先轻轻敲门,得到允许后再进入室内,并随手将门轻轻关上。手持物品时,不可借助物品推门、用脚踢门,而是用肩部或者肘部将门推开并随后轻轻关上。

◆ 避免以下举动:在美容室内(外)吃零食、嚼口香糖、高嗓门交谈、发出笑声、手势过多过频,或手插兜、随意倚靠在墙上、桌子上、低着头、歪着脖子、耸肩、驼背、下意识地做任何小动作、两腿交叉站立,以及与他人闲聊。

3-3-2 顾客准备

4. 顾客准备

◆ 美容师在护理前要协助顾客做好护理准备,并提醒顾客注意放好贵重物品,如数码产品、钱包、证件、首饰、重要文件等。

◆ 提醒顾客将手机关机或调至振动档,如无特殊要求,可帮助顾客保管。

◆ 指引顾客沐浴、更衣等。首先用征求的语气问顾客是否需要协助更衣;避免冷水让顾客受凉,在顾客沐浴前要先把水温调高;对于新顾客,面带微笑,耐心地介绍房间相关用品的使用(图3-3-1),尤其是沐浴间的冷热水的使用开关。同时,告知顾客自己就在门口等候顾客沐浴,让顾客有需要可以随时呼叫自己。

◆ 如无独立洗手间,需要提醒顾客是否先上洗手间,美容师应指引顾客上洗手间,并在洗手间门口等候。

任务三 护理准备礼仪

图 3-3-1 美容师向顾客介绍沐浴间用品

◆ 在顾客准备全过程使用礼貌用语及标准指引手势,让顾客感受到尊重的同时享受到优质的专业服务。

 任务分析

在护理准备礼仪学习过程中,学习者可能对标准化流程、规范操作及语言表达不熟练、忘记对顾客的提醒和必要的沟通,让顾客感觉美容房间没人管而不知所措等问题。主要原因有:①对美容护理服务礼仪的重要性以及对服务流程的了解还停留在理论层面,不重视实践;②实际工作经验不足;③既往不良语言、举止、装扮习惯的影响;④未经过严格的护理服务准备礼仪训练,不习惯使用礼貌的言语及举止。

要做好护理服务准备礼仪,可以通过"情景模拟""案例分享"等方式,在角色互动中,清晰护理服务礼仪规范并培养同理心,在教师指导下反复练习,掌握提前做好准备过程中的礼仪规范,有效提高学习效果。

任务准备

1. 教学资料准备:护理服务准备礼仪情景、案例或相关视频。

2. 情景模拟的物品准备:美容床、桌椅、美容产品、大小毛巾各1条、床单、拖鞋、客用美容服、美容师工作服、饮品、香薰、背景音乐、贵重物品等。

 任务实施

【情景】

王女士通过朋友介绍到美容院咨询体验后办理了护肤季度卡。今天是王女士首次来到店里做面部护理项目,负责此次项目的正是店里资深美容师小美。小美接到通知单后便开始着手护理准备工作。

美容礼仪

一、护理服务准备礼仪情景模拟练习

步骤一：了解顾客信息。
- 此次王女士是开卡后第一次体验，做的是面部护理项目的基础胶原保养。如果体验满意，针对王女士目前皮肤较干的情况，有购买家居产品需求。小美要明确王女士本次护理需求，提出适合王女士的产品建议及家居护理指导。

步骤二：房间、用物用品及美容师准备。
- 小美在王女士预约来店前40分钟开始准备。提前开好冷气到适宜的温度，调节房间音乐、音量和灯光；按照工作规范，将美容床布置为待客状态；在推车上放置好产品，准备好王女士用的美容服和拖鞋；再次确认室内环境整洁后，挂上待客牌。然后回到员工休息区，整理好自己的仪容仪表，保持自然微笑和愉悦心情，在顾客到店前10分钟准备迎接王女士到店。

步骤三：自我介绍。
- 小美走上前，行30°鞠躬礼，微笑着说："王女士，您好！我是美容师小美，今天由我为您做面部皮肤护理，很高兴为您服务。"
- 王女士："好的，谢谢你！"

步骤四：引领顾客。
- 小美："现在我带您去美容室，您这边请。"
- 小美呈屈臂式手势一直指引王女士来到预备好的美容室前。
- 小美："您请进。"

步骤五：为客换鞋、存物。
- 待王女士进入室内后，跟随进入并轻轻关好门。随后使用斜式指引手势请王女士进到玄关入座，并说："王女士，您先在这边坐一下，换拖鞋，我们这里的拖鞋是一客一换一消毒的，您可以放心使用。"
- 王女士脱下自己的鞋子后换上拖鞋。
- 小美："我帮您把鞋子收好，放在这衣柜底下的鞋柜里。"
- 小美右手将王女士鞋子摆好后放入鞋柜。

步骤六：为客奉茶。
- 小美："王女士，我们店里新调配的应季养生茶，您需要一杯吗？"
- 王女士："来一杯吧。"
- 小美："请您稍等片刻，我去帮您倒茶。"
- 得到王女士同意后，小美退出美容室房间并轻轻关上门。
- 片刻后，小美持茶杯来到美容室门前，轻叩两声门，并询问："王女士，我是小美，茶取来了，现在开门方便吗？"
- 王女士："方便，进来吧。"
- 小美左手端着茶杯，右手将门轻轻推开后进入室内，关上门。
- 小美："不好意思！让您久等了。"
- 慢步走到王女士身侧，左手托杯底、右手持杯柄递给王女士，并说："王女士，这茶的温度刚好，您趁热喝。"
- 王女士："好的，谢谢！我看你年纪比我小，不用总是'女士、女士'地称呼我，直接叫我'王姐'吧。"
- 小美："好的，王姐。您先喝着，我去准备下您的美容服，等您休息好之后换衣服。"

任务三　护理准备礼仪

步骤七：为客更衣。

- 小美："王姐，咱们的美容服也是一客一换一消毒，请您放心使用。"
- 小美双手将美容服正面朝向王女士，递给她。
- 小美："需要我帮助您更衣吗？"
- 王女士："不用了，我自己可以的。"
- 小美："好的，这是沐浴间，左边是热水，右边是冷水，有洗发水、沐浴露。"
- 王女士："好的，谢谢！"
- 小美："不用客气！您先沐浴，我就在门外等候，有需要就叫我"
- 片刻后……
- 小美："王姐，我可以进来了吗？"
- 王女士："小美，进来吧。"
- 得到王女士允许，小美轻轻开门进入美容室，把门随手关上，帮顾客披上干毛巾。

步骤八：为客做身体准备。

看到王女士换装完毕后，小美发现，王女士戴有项链，头发上绑有发饰。
- 小美："王姐，为了咱们护理的时候方便按摩，您的项链需要摘下。另外，您的头饰也需要取下，因为一会儿我会为您包头，以及做头部按摩。您取下的饰物都可以放在我们配好的饰物袋里。"
- 王女士："行吧，这项链我平时洗澡都戴着，睡觉也是，没怎么取下来过。"
- 小美："您要是不放心，我帮您收进客用保险柜，绝对安全。"
- 王女士："算了，麻烦，我自己放包里吧。"
- 王女士自行取下饰物，在小美的指引陪同下，将饰物放进饰物袋，再放入包中。王女士再次在小美指引陪同下回到美容室。
- 小美："王姐，我们这边还提供隐形眼镜盒，您需要吗？"
- 王女士："不需要。我的手机给你，你帮我放好了啊。"
- 小美："您放心。有信息的话，我会及时告诉您。"
- 小美："王姐，咱们的护理就要开始了，您需不需要提前去下卫生间？我们卫生间的坐便也是一客一用一消毒，而且还有一次性坐垫。"
- 王女士："不需要了，谢谢！"

步骤九：介绍护理用品。

- 小美："王姐，咱们的毛巾、床上用品也是一客一换一消毒，请您放心使用。"
- 小美："这些都是在您来之前刚换的。"
- 王女士："房间也要消毒吧。"
- 小美："是的，所有共用物品都要消毒，也是一客一消毒。"
- 小美："使用的仪器都会严格消毒，每次取用前均用75%酒精或其他方法消毒"
- 小美："王姐，您稍等，我洗手。"然后，当着顾客的面消毒双手。

步骤十：开始美容护理。

- 小美准备开始为王女士做面部护理项目。
- 小美："您看还有其他什么需要或者疑问吗？"
- 王女士："没有，挺好的。"
- 小美："好的，王姐，我先扶您上床。"
- 小美协助王女士躺到美容床上，并确认王女士的体位是否正确，感觉是否舒服。
- 小美："王姐，咱们现在开始做护理。如果护理过程中您感觉有什么不舒服的情况，请随时和我说。"
- 王女士："好的。"

二、护理服务准备礼仪情景模拟练习注意事项

（1）情景模拟练习(图3-3-2)，应按照学习内容要求提前穿好美容服、化好淡妆、梳好发型，保持好清新口气。

图3-3-2 情景模拟练习

（2）要始终以实战状态进行任务训练。微笑的神情、保持平和的心情，按照本书前述训练微笑的具体方法来练习。

（3）准备礼仪中"五声十字"要常用。"五声十字"指的是"您好、请、谢谢、对不起、再见"。

（4）准备礼仪中，心中要时刻记牢"服务"二字，才能将规范的礼仪流程及适当的举止自然表现出来。

（5）注意同理心的培养。

 任务评价

以2~3人为一组，进行美容服务准备礼仪情景表演，以自评、互评、教师评的方式评价学习效果(表3-3-1)。

表3-3-1 护理准备礼仪评价表

项目	类目	要　　求	自评	互评	教师评
仪容仪表	自查	服务客户前，事先审视自己的仪容仪表			
	头发	干净、无碎发、统一发型、无夸张头饰			
	妆容	干净、五官清晰、淡妆、无美甲			
	着装	干净整齐、无异味、统一美容工作服、无多余配饰			
	鞋袜	美容鞋干净合脚、统一袜色			
	精神面貌	表情自然，面带微笑，展现积极向上的精神面貌			

(续表)

项目	类目	要求	自评	互评	教师评
举止	站姿	头正颈直,下颌微收,挺胸收腹平肩,"丁"字形脚或"V"字形脚站立;目视前方,面带微笑			
	走姿	双肩平稳,两臂摆动自然,幅度以30°为宜,步态稳健,匀速前进			
	蹲姿	侧面对着客户			
	鞠躬礼	30°行礼,头部与身体保持直线,同时使用相应礼貌用语			
	引导	四指并拢,手掌伸直,掌心向上略倾斜;手臂摆位符合具体的引领手势要求;目视客人,面带微笑			
	递接	双方互视,双手递接			
言谈	问候	使用标准称呼语;标准用语:您好!很高兴为您服务			
	介绍	介绍产品、设施、用品时要注重细节,让客户放心			
	提示	用温和口气提示客人自身物品存放、通讯工具处理、是否去卫生间等事宜			
	关怀	适时表达对客人感受的关注。标准用语:您看这样可以吗?您有任何需要请随时告诉我?您感觉怎么样?			
	礼貌用语	常用"您好、请、谢谢、对不起"			
美容室准备	物品	美容床待客状,产品摆放推车上,客用物品准备齐全			
	卫生	一客一换一消毒;房间内干净,无卫生死角;无水渍,无锈迹,紫外线消毒			
	氛围	配上饮品、香薰和音乐			

 能力拓展

1. 能够熟练讲解美容专业人员护理准备礼仪的要点以及对树立美容店品牌形象的重要意义。

2. 能够对新进员工进行护理准备礼仪培训。

(寇晶莹　傅润红)

任务四 送客礼仪

 学习目标

1. 熟悉美容会所(院)送客基本流程与礼仪规范。
2. 能够按美容服务基本流程及礼仪规范送客离店。

 情景导入

某地新开的两家美容会所 A 和 B，刚开业时两家都客似云来，生意非常好。但是随着时间的推移，A 店的客流量越来越少，而 B 店的客源越来越多。A 店老板很纳闷，我们两家店护理项目和手法都相仿，为什么会出现顾客更愿意选择 B 店呢？经过 A 店老板 2 周的观察，发现 B 店的员工服务细节做得更加全面，从迎客礼仪到送客礼仪既专业又规范。特别是送客时，准备暖心的茶水及甜汤，贴心地提醒物品携带是否完备，下雨的时候还会送伞，让顾客舒心。而自己店内还没有形成完整的送客礼仪规范，顾客一签完字，负责接待的工作人员并没有后续服务。A 店老板在调研结束后，意识到问题所在，决心要加强店内礼仪培训，更加细致礼貌地服务好顾客。由于礼仪培训提升了服务质量，来店的顾客也慢慢多了起来。

相关知识

一、送客基本流程与礼仪要求

（一）为顾客备物

顾客做完护理，来到大厅，准备离开时，前台美容师要提醒顾客带好随身物品。语气温和，特别要提醒顾客有没有忘记贵重物品。将停车票或物品等递交给顾客时，注意用双手递送。应特别注意肢体语言的服务细节，让顾客感受到贴心、温暖与尊重。

（二）为顾客开门

当顾客走到近门口约 1.5 米时，前台服务人员随即帮顾客拉开门，或美容师快步上前拉开门，行 45°鞠躬礼，微笑目送顾客。

任务四 送客礼仪

（三）礼貌送客

若店长有空,就由操作的美容师与店长一起送到门外(若在二楼可将顾客送至楼梯口)。送客时应站在顾客的右侧,保持微笑,陪顾客走到门口。如果美容师没有时间送客,需要事先安排好,或由顾问、店长负责送客。

1. 搭乘电梯：陪同顾客至电梯口,为顾客按好电梯,待顾客安全进入电梯后,面带微笑,目送顾客,同时配合送客礼仪话术："您请进！请慢走,欢迎下次光临。"或"××是您实现健康美丽梦想的地方,请慢走,欢迎下次光临。"挥手道别,深鞠躬45°,3秒后起身,再续再见手势,待电梯口关闭后方可结束送客。

2. 送至门外：起步时上身保持站姿基本要求,精神饱满、面容平和自然、双目平视、双肩平稳、双臂以30°～35°前后自然摆动于体侧,步速随顾客速度而变化。送客时主动帮助顾客确认并拿取所携带的物品,小心提送,送至门外后,递交给顾客,并告知顾客。挥手道别,深鞠躬45°,3秒后起身,配合送客礼仪话术："再见,您慢走,记得下次来之前打电话预约。"深鞠起身后恢复标准站姿,姿态自然,与顾客道别、侧头、微笑、五指张开于耳侧晃动,目送顾客。

3. 贴心服务：如遇阴雨天气时,服务人员应为顾客撑伞,送至车上后,为顾客关上车门；或顾客需要打车,工作人员主动为顾客帮忙呼叫出租车或拦车。帮顾客拿物品,安置妥当后,为顾客关上车门。挥手道别,微笑目送。

二、送客礼仪要点

（一）送客态度及用语

1. 进店的顾客：不管有没有消费,都应热情、有礼貌地送客离开。

2. 送客离店时：恰到好处地表达对顾客的关心和体贴,体现真诚的态度,起到锦上添花的作用。如"有台阶,请小心。""下雨了,小心路滑。""天黑了,请小心慢走。"传送充满爱心的送别语,让顾客有亲切、温暖的感受。

3. 真诚地赞美顾客："您很漂亮""您做完护理后,很精神""您的身材很好""您很会配搭衣服"等,但语言不能过于夸张。

（二）仪容举止规范

（1）鞠躬动作自然,角度到位,明确鞠躬在送客服务礼仪中的重要性。

（2）保持面带微笑,表情、眼神自然,不可面无表情。

（3）注意站姿仪态挺拔端庄,避免不雅观的动作姿态。

3-4-1 送客搭乘电梯礼仪

3-4-2 送客至停车场礼仪

任务分析

在美容送客礼仪学习过程中,学习者通常会记错送客步骤,表情生硬,忘记微笑,语气不佳,言语懈怠,敷衍顾客；在主动帮助顾客时,动作姿态僵硬,步速过快。出现上述情况的主要原因有：①对美容送客礼仪的重视程度不够；②对美容送客礼仪流程不够熟悉；③因服务时间较长,导致笑容僵硬,声音过小；④每次训练的时间较短和训练次

美容礼仪

数较少等。行鞠躬礼的角度不到位可以采取强化训练,增加练习的强度来达成目标要求。

  任务准备

1. 教学资料准备:美容送客礼仪的实景图片或视频资料。
2. 物品准备:物品确认书、项目卡、签字笔、镜子、茶水、卡片(停车票)、专用手提袋。

任务实施

一、送客礼仪训练的过程和方法

图 3-4-1 美容师递交资料的礼仪规范动作

1. 跟我学——教师示教:观看教师的示范,学习美容送客礼仪的方法与步骤。

步骤一:给顾客递交代为保存的物品并当面核对清楚(图 3-4-1)。

步骤二:询问是否需要停车票、雨伞等,递交时应面带微笑,双手呈送给顾客。

步骤三:其他服务人员(如前台)鞠躬表达谢意。

步骤四:主送人员陪同顾客出门,如需要打出租车,主动为顾客拿行李或叫车。

步骤五:顾客上车后,真诚道别,微笑目送顾客远离后,方可回到店内。

2. 做中学——教师指导:在教师的指导下,按照下列步骤进行送客礼仪规范动作的训练。每个步骤反复训练,直至达标。

步骤一:标准站姿。

步骤二:双膝夹住纸片,保持身体平衡。

步骤三:挺胸、收腹、展肩、立腰、提臀,整个躯干有"向上拔"的感觉。

步骤四:头正颈直,双目平视,下颌微收,面带微笑,配合标准话术,如"××是您实现健康美丽梦想的地方,请慢走";从站姿脚位变化为并拢脚位时可配合标准话术,如"欢迎下次光临",同时身体鞠躬45°。

步骤五:顾客离开3步距离后恢复标准站姿。

3. 集体学——模拟训练:3~4个同学为一组,其中1~2人模拟顾客,1人模拟主送工作人员,2名模拟门口送客工作人员。情景训练:在组长的带领下按照美容服务中的送客礼仪和教师的示范进行礼仪训练,注意纠正不正确的仪态。

任务四 送客礼仪

4. 自我学——个人训练：立于镜前，对照美容服务的礼仪训练图片，反复练习，直至学会送客服务步骤，掌握送客礼仪动作要领。

二、送客礼仪姿态训练要领及注意事项

在美容服务送客礼仪的训练过程中，学习者应注意的关键点如下。

1. 动作不到位：①动作起伏过大，拘谨不自然，应答时声音过小。应多学习礼仪知识，加强训练，增加自信。②面部表情僵硬，不自然。平时应多对照镜子训练微笑，让自己的笑容自然大方。

2. 动作不规范：①鞠躬动作不到位。②递交物品时没有双手递送。③没有提前准备好顾客所需要的物品，在实际送客过程中过于格式化。要根据实际情形，应对自如。

3. 动作不雅观：①摆弄衣角、咬手指甲、抓耳挠腮等，会给人以缺乏经验和不自信的印象。②双手插在裤袋里，显得过于随意。③手捂住肚子，给人以肚子不舒服的感觉。应多学习礼仪知识，多实践，注重细节。

 任务评价

分组评价：以小组为单位，进行美容送客礼仪展示，以自评、互评、教师评的方式评价检查学习效果(表3-4-1)。

表3-4-1 标准送客礼仪训练评价表

组别	内容	自评	互评	教师评
第1组学员	是否熟练送客礼仪步骤			
	鞠躬动作是否到位			
	是否面带微笑			
	仪态是否得当			
第2组学员	……			

 能力拓展

1. 对新员工进行送客礼仪体姿及礼貌用语培训与指导。
2. 对员工讲述送客礼仪典故，分享经验。
3. 实战练习：按迎送礼仪要求，落实送参会嘉宾离开会场的有关人员，并提示送不同身份参会嘉宾的注意事项，让所有嘉宾都满意。

美容礼仪

> **小案例**
>
> 某美容集团有限公司年会在当地体育馆隆重举行,参会嘉宾及员工有3 000多人,整个会场布置得高雅、大气,应邀前来参会的有关领导、各界友人、优秀员工家属代表等,有本地的也有外地的。作为本次年会的嘉宾被安排在舞台前面中间区域就座,每位嘉宾有赠送礼品。晚会快结束时,突然下起了倾盆大雨,嘉宾都没带雨具,如晚会结束时还在下雨,送嘉宾离开会场应该怎么安排,才能体现对不同身份参会嘉宾的尊重,并让他们都满意。
>
> 拟定一份送客安排表(明确送客顺序、负责人、送达地点、方式等)。

(高惠霞 张 荣)

模块二 美容服务礼仪——语言的艺术

"人无礼则不立,事无礼则不成"已成为大家的共识,人与人之间第一印象的建立,70%靠的是身体语言,30%靠的是语言交流。对于美容行业来讲,礼仪贯穿于美容服务全流程,在进行专业护理的过程中,注重服务细节、美容服务礼仪运用,处处体现出对顾客关心体贴、礼貌周到的专业服务才能与顾客建立长久的合作关系。因此,除了形象好、技术佳以外,美容服务礼仪起到关键性作用,其内容包括美容服务基本礼仪,美容服务沟通礼仪。美容服务礼仪是在职业形象礼仪基础上的提升。

 ## 单元四 ▶▶ 美容服务沟通礼仪

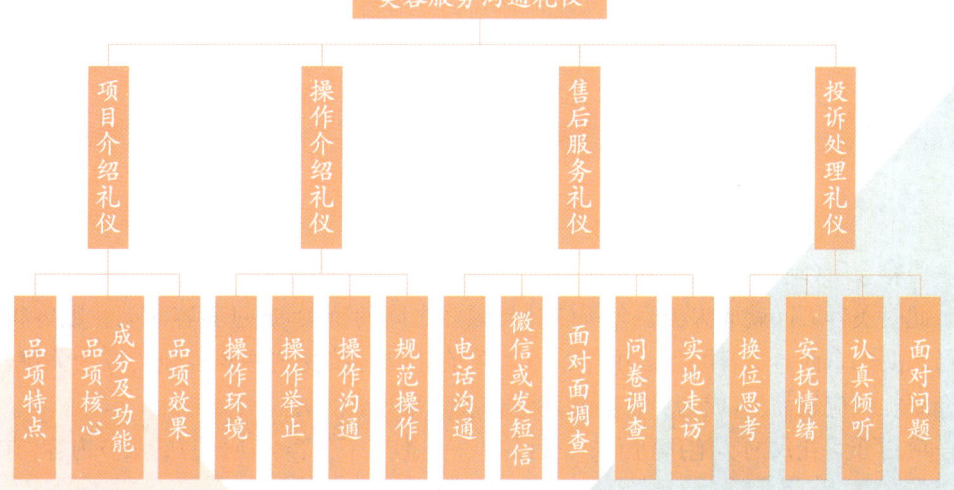

任务一　项目介绍礼仪

 学习目标

1. 了解美容会所(院)项目介绍礼仪的目的和重要性。
2. 能够运用项目介绍礼仪向顾客进行项目介绍。

情景导入

最近，实习美容师小张在工作中遇到了麻烦，她服务的一位顾客提出退卡，理由是她脸上的色斑没有变浅，反而比以前加深了。无论小张如何解释，顾客都听不进去，她只能把顾客带进顾问室，让肖顾问帮助解决顾客的问题。大约30分钟后，肖顾问陪着顾客走出顾问室，顾客面带笑容，不断赞扬肖顾问很专业，分析得很到位，她对小张说："我对自己的皮肤有信心了"。后来，这位顾客不仅没有退卡，还增开了养生卡。通过这件事美容师小张对美容顾问这个岗位非常向往，下决心努力学习、工作，一定要成为肖顾问那样的美容顾问。肖顾问做了什么，让小张的难题迎刃而解？请大家带着问题学习。

 相关知识

美容会所(院)项目介绍是美容顾问的主要工作之一。美容顾问运用医学美容相关专业知识、技能及美容营销管理技巧，针对新、老顾客的求美需要、消费能力，向顾客介绍美容会所(院)开展的服务项目，并根据顾客的皮肤(身体)特点制定美容美体护理方案，最终促使方案成交。

一、项目介绍礼仪的目的和重要性

美容会所(院)经营的项目就像是商品，需要通过某种途径让求美者了解、认同和接受。此时美容顾问就成为美容会所(院)与顾客之间的桥梁，通过美容顾问让顾客得到自己想要的东西。美容顾问运用什么方式才能让顾客接受这些美容项目成为关键，项目介绍礼仪应运而生，成为美容会所(院)有效沟通的杀手锏。

项目介绍礼仪的实施达到了3个目的：一是推广了美容会所(院)的服务内容，有广

而告之的效果;二是得到了顾客的认可,建立良好的口碑和信任度;三是通过美容顾问的专业程度、职业素养和利他的营销技巧让顾客心服口服,成为美容会所(院)的衣食父母。可见项目介绍礼仪在美容会所(院)的重要性。

二、美容项目的形成及类型

美容项目不仅可以提高皮肤(身体)护理的效果,还可以凸显个性化服务的特点,受到消费者青睐。

(一)美容项目的形成

当皮肤护理升级为皮肤管理时,单纯按摩、单一护肤产品就显得力不从心,加上每位顾客皮肤的个体差异,也促使了美容项目的形成,即若干产品以功能为目标组成品项,不同品项以效果为目标形成方案,不同方案以顾客需求为目标形成项目。就像医生开处方一样,美容顾问根据顾客皮肤(身体)特征列出品项(产品组合、搭配),再根据达到效果的需求形成方案(配合仪器、工具、程序疗程),最终根据顾客需求以及消费能力形成项目。例如,补水保湿项目,可以有两种以上的方案,即水油平衡方案和四季补水方案等,每种方案中的品项存在差异,是否使用仪器和工具,以及操作程序、疗程、价值也存在差异,顾客可以通过美容顾问的介绍对项目进行评估、选择。可见美容顾问向顾客介绍项目是非常重要的。

(二)美容项目的类型

美容项目的大致类型见表4-1-1。

表4-1-1 常见美容项目类型

美容项目类别	项目类型	项目种类	护理目标
面部护理类	基础护理型	补水保湿项目	提高皮肤含水量
		收敛控油项目	收缩毛孔、控制油脂分泌
	调理修复型	抗衰修复项目	祛皱、紧致皮肤
		美白修复项目	调整肤色、淡化色斑、晒后修复
		祛痘修复项目	减轻炎症反应、疏通毛孔、抑制油脂分泌、减少瘢痕
		特别项目(医美)	防敏、脱敏、脱痣、祛疣
眼部护理类	护理型	黑眼圈护理项目	预防、消除黑眼圈
		眼袋护理项目	预防、减轻眼袋
	修饰型	植睫毛项目	美睫
		美瞳项目	美瞳
		纹饰项目(医美)	美化眉毛、唇

(续表)

美容项目类别	项目类型	项目种类	护理目标
身体护理类	身体按摩型	肩颈护理项目	美化曲线、美肤、减轻疲劳
		腰、背、臀护理项目	美化腰背曲线、美肤、减轻疲劳
		手足、四肢护理项目	柔韧关节、美肤、减轻肢体疲劳
		胸、腹护理项目	美化胸腹曲线、美肤、调整肠胃功能
	形体调理型	减肥项目	增加能量消耗、促进脂肪分解
		美胸项目	预防、调整乳房松弛
高科技美肤类	美加美型	小气泡项目	洁肤、补充营养和水分
		微针项目	祛皱、紧致皮肤
		射频项目	除皱、紧致皮肤、消除脂肪（双下巴）
		电子养生项目	保健、养生
	医学美容型	肉毒素项目	祛皱、美肤
		微雕项目	调整脸型

三、项目介绍礼仪

项目介绍礼仪呈现的是个人的综合素养。如何准确、有效地让顾客理解项目，知道此项目对自身的好处以及是否能够满足自己的求美需求，需要美容顾问遵循项目介绍礼仪，优质完成岗位工作任务。

（一）专业知识与礼仪

在向顾客介绍项目时，美容顾问严谨的工作态度和扎实的理论知识功底是对顾客最大的尊重。顾客把自己皮肤健康管理的大权交给我们，我们却是个"空皮囊"，那才是真正的失礼。

1. 获得顾客信息礼仪：在向顾客介绍项目前，美容顾问要对顾客的需求、生活（工作）习惯和皮肤（身体）状态有充分的了解。对顾客了解得越多，项目介绍的针对性就越强。如何获得更多的顾客信息呢？应做好以下礼仪规范。

（1）聆听礼仪：认真聆听顾客的倾诉。聆听时，面带微笑，运用手势、眼神及简洁易懂的语言给予顾客适宜的回应，尽量不要打断顾客的倾诉，保持沟通氛围愉快、顺畅。

（2）填写健康咨询类表格礼仪：在递送顾客健康咨询类表格、纸、笔，以及指向相关重要表内信息时，手势要轻柔灵活、利落，不可生硬或拖泥带水。亲切地指导顾客填写健康咨询类表格中的信息，并且使用引导性语言，让顾客准确填写。对于重要的信息内容（如既往重大病史、遗传病史等），要结合顾客基本情况，采用启发式语言，让顾客填写并确认。对于顾客有异议的信息条款，要用肯定的手势、眼神、语言给予说明、解释，解除顾客担忧。

（3）皮肤（身体）检测礼仪：在皮肤（身体）检测时，其礼仪主要表现在语言和操作动作两个方面。语言要亲切、有礼，使用关心他人的语气，如"请放松、我为您检测一下皮肤（身体）""请小心"等。操作动作要熟练、轻柔、沉稳，避免鲁莽、生硬的操作动作。

2. **分析讲解礼仪**：在分析讲解顾客信息时，应利用医学美容相关知识（如中医美容、皮肤生理病理等），以简明易懂的语言讲解顾客皮肤问题发生的原因、程度、发展趋向，以引起顾客的共鸣和认同。同时，用自信的眼神关注顾客，给予顾客皮肤问题改善的信心。

【案例1】

小吴脸上患痤疮3个月，到某美容会所（院）寻求帮助，赵顾问接待了她。赵顾问看了一眼小吴的皮肤，告诉小吴："您长痘了。我们的产品可好了，一用就见效，您可以开个卡。"小吴听后感觉没有信心，告辞了。

小吴被皮肤痤疮困扰，心情非常不好，又来到某美容会所（院）寻求帮助，这次是陶顾问接待了她。陶顾问带小吴到顾问室，用皮肤检测仪仔细观察了小吴的皮肤，问了一些关于日常生活习惯等问题，然后帮她分析："您这个年龄正值青春期，油脂分泌旺盛，这段时间学习任务繁重，又没有忌嘴，吃了辛辣的食物，所以痤疮长满全脸，额头、嘴周、鼻周最多。毛囊严重堵塞，诱发炎症，有炎症粉刺，少量脓疱。如果再耽误下去会形成结节、囊肿，可能留下明显瘢痕。现在必须马上控制炎症，疏通毛孔，抑制油脂分泌，这样才会逐渐好起来"。小吴很佩服陶顾问的分析判断，心中似乎也踏实了很多（待续）。

案例分析：美容会所（院）的服务项目主要是围绕皮肤管理和健康管理而设置的，如果美容顾问只是单纯地向顾客介绍项目，是没有说服力的。需要美容顾问用自己掌握的专业知识，把皮肤问题讲透，让顾客知道自己的问题出在哪里，原因是什么，程度有多深，结果是什么，这样顾客才会信任我们。

（二）项目介绍礼仪

顾客的信任为项目介绍打下基础。就像我们去看医生一样，当医生告知病情后，我们一定会问："医生，有什么方法可以治？"所以，美容顾问对会所（院）内的美容项目要了如指掌，才能有根有据、有礼有节、针对性强地向顾客介绍，帮助顾客解决问题，满足其求美需求。

1. **品项介绍礼仪**：美容顾问在项目介绍的服务过程中，得体的言谈举止能让顾客受到感染，形成和谐、愉快的沟通氛围，建立良好的服务关系。此时，再根据顾客性格、消费能力等，运用语言（情感、语音、语调）感染力，把写在方案里的品项变成顾客确实需要的诉求，并自愿为这个诉求买单。

（1）介绍品项特点：品项是由若干产品组成的，美容顾问应向顾客重点介绍产品组

成特点,能解决什么问题,以及安全性和合理性,必要时向顾客展示产品组合。

(2)介绍品项核心成分及功能:要从顾客求美需求的本质出发,用准确的专业术语和肯定的语气,说明项目核心成分的研发优势、技术特点,解决什么样的问题,以及安全性等,消除顾客的担忧。还可借用自己使用心得或处理过的案例经验,让顾客信任、信服。

(3)介绍品项能够达到的效果:介绍项目品项时,应突出介绍品项的原理、优点与特色对顾客要解决的求美问题之间的关联性,强调品项特点、操作标准,能达到什么样的效果。可以通过图片、案例、视频分享以往顾客使用的效果见证,同时借助手势、眼神及语言等职业礼仪,引发顾客体验的欲望,加深顾客的理解和认同。

介绍项目品项,其实就是一个与顾客专业沟通的过程,除了要注意把专业术语转换成顾客能够理解、接受的沟通语言以外,还需注意在拿取品项实物、顾客效果对比资料时,手势要轻、稳、小心;递物时,手势要灵活自然地将物品递于顾客手中,待顾客拿稳方可放手;讲解时,语音沉稳,语速适中,富有情感,简单明了,不可专业偏颇,不可夸大效果。

顾客疑惑、顾虑时,要耐心讲解,重点内容要强调,敏锐地发现顾客疑惑、顾虑的原因,从帮助顾客解决问题的角度,针对性地讲解,同时配合手势礼仪,用语气、表情显示自信与自豪,以利于消除顾客疑虑和担忧。不可出现反感的表情、不耐烦或过激的语言,以及强买强卖的表达方式。

在向顾客介绍品项时,顾客难免会谈起其他会所(院)的品项效果,美容顾问要站在利他角度,用委婉、温和、自信与肯定的语气和表情表述此品项与彼品项的差异和优势,不可妄自菲薄,更不可使用贬低、否定的语言,做出蔑视的表情。

2. 方案介绍礼仪:当顾客的求美需求与品项目标达成一致后,美容顾问要把适合顾客的品项通过项目方案的形式(护理周期设计、单次护理时间、操作流程、能达到的效果、居家方案及价位等)详细地与顾客沟通。要给顾客思考的余地,运用手势、眼神及专业简洁的语言增强顾客项目体验或接受项目方案的信心。

如果顾客对方案效果质疑,要耐心地用肯定的眼神、语气和语言,肯定方案效果,从方案设计的科学性、合理性、安全性等方面加深顾客的理解,以自己丰富的经验及更多的案例解除顾客的质疑。

如果顾客对项目品项组合或周期质疑时,要从顾客的角度出发。以征求的口吻、关注的眼神,自然、亲切的表情了解顾客的疑惑或取向,在不影响护理效果的前提下,适当调整方案,以求顾客认同并接受。

3. 方案确认礼仪:美容顾问将顾客认可的方案记录在顾客护理方案类表格中。让顾客确认时,运用递物手势礼,将项目方案类表格递于顾客手中,并指向顾客签名区,使用礼貌用语,请顾客签名确认。

如果顾客仍然犹豫不决,考虑因素较多时,不可无视或用游离的眼神漠视顾客的疑虑,更不可做出不情愿的表情。要认真聆听顾客表达的诉求,不要冒昧、生硬地应答,或一厢情愿和夸大效果地讲解,还要避免违背原则的迁就。要语言肯定,用专业、简洁、易懂的词汇表明自己的看法。时机适当时,可以为顾客做决定,帮助顾客下决心,促进项

任务一 项目介绍礼仪

目介绍的有效开展。

如果顾客确认了项目方案,也不能有窃窃自喜的表情,而是让顾客做好准备,安排好时间和操作美容师,确保项目方案实施顺利。

4. 异议处理礼仪:如果最终顾客未确认项目方案,美容顾问的表情不可变得冷漠,语言不可变得生硬,要站在顾客的角度,表明个人态度,并告知顾客,如果有需要可以随时联系自己,有礼貌地送顾客离开美容会所(院)。

【案例1(续)】

顾客小吴听完陶顾问的分析,沮丧地说:"我去看过,也用了不少的药,痘痘反而更严重了。"陶顾问安慰小吴不要着急,让她听听自己的方案。陶顾问告诉小吴:"单纯地用药物治疗痤疮效果是不明显的。我为您设计的方案是控制炎症、疏通毛孔,抑制油脂分泌和修复损伤的细胞"。然后陶顾问向小吴展示了产品,介绍了产品的核心成分,接着她说:"这款产品的核心成分是一种从中药丹参、苦参、甘草中提取的活性物质,能有效抑制痤疮菌群,减少皮脂分泌,减轻炎症反应;特别是这种活性物质还可以清除自由基,不仅可以预防和治疗多种类型的痤疮,还不会伤害皮肤,赋予皮肤新的生机和活力;另外,这款产品采用了一种透皮渗透技术,使皮肤吸收率提高了数倍,效果也特别显著,使用起来非常安全"。小吴听后对这款产品产生了兴趣,并在陶顾问的指导下亲自体验了一下。陶顾问接着说:"您的痤疮已经3个月了,皮肤状态比较差,又用过其他产品,所以单用这一款产品效果会比较慢,建议配合1号产品,软化角质,分解过多的皮脂,疏通毛孔;再配合3号产品调节皮肤的水油平衡,避免护理过程中皮肤干燥脱屑;最后,还要加上10号产品,修复损伤的细胞,利于皮肤细胞修复,痤疮愈合时不会留下色素沉着,也不易复发"。小吴一边听一边点头,恨不得马上使用。陶顾问又说:"痤疮皮肤修复需要时间,我帮您设计3个月的疗程,开始阶段每周到美容会所(院)两次,炎症控制后,每周1次,包括这3个月的家居产品,总价值××××元"。小吴听后有点面露难色,陶顾问笑着说:"知道您还是学生,我还给您设计了1个月的方案,价值×××元。1个月后再根据您的皮肤恢复情况考虑是否需要后面的疗程。您看可以吗?"小吴愉快地接受了陶顾问的方案。

案例1分析(续): 从"案例1(续)"中不难看出陶顾问介绍项目的技巧非常到位,礼节分寸把握得比较好。有3点值得学习:第一,产品的核心成分介绍得好,刚好吻合顾客的需求;第二,产品搭配得好,可以说想得比较周到,这组品项非常有说服力;第三,护理方案设计得好,为了确保效果,陶顾问提出了3个月的护理方案,其实她心里早有数,一个学生一下拿出几千块钱一定很吃力,所以当顾客小吴为难时,她立刻提出了第二个方案,给人的感觉是通情达理,替他人着想,小吴

一定非常感谢陶顾问。美容顾问是美容会所（院）与顾客之间的桥梁，把美容会所（院）服务项目准确、有效地介绍给顾客是岗位工作职责，而项目介绍礼仪则是完成岗位工作职责必须具备的工作能力和状态。

 任务分析

美容会所项目介绍礼仪是美容顾问岗位的核心工作内容，在向顾客介绍项目过程中体现职业礼仪，是吸引顾客、稳定顾客的重要因素，也是美容会所（院）创收的关键。"情景导入"中肖顾问在认真听取顾客诉求后，使用项目介绍礼仪，与顾客一起分析色斑形成的原因、色斑目前已经开始分化吸收的形态，向顾客讲解色斑代谢的规律以及项目品项产品的核心成分对色斑的作用原理，让顾客树立信心。正是肖顾问专业、得体的介绍打消了顾客退卡的念头，积极配合美容师坚持按方案实施护理；而且还增加了养生项目，更有利于色斑的消除。这就是美容顾问的工作，也是美容师小张向往顾问岗位的原因。

学生在学习项目介绍礼仪时，要培养自己得体的职业形象，夯实自己的专业知识功底，训练自己的沟通技巧，充分认知项目介绍礼仪与营销管理之间的必然联系，在老师指导下，认真、反复地实践训练，培养和树立顾问岗位工作的服务意识和能力。

 任务准备

（1）按照项目介绍礼仪要求，准备顾问的职业形象及顾客接待礼仪。

（2）按照项目介绍礼仪要求，准备健康咨询类表、皮肤检测仪、品项产品、美容会所（院）项目手册。

（3）准备项目效果图片或视频资料。

 任务实施

一、项目介绍礼仪模拟练习

（一）小组模拟练习

2个学员为一组，进行角色扮演，互为顾客、美容顾问，开展项目介绍礼仪的岗位练习，注意各环节的相关要求。

（二）个人模拟练习

根据教师指定的项目介绍情景，进行反复练习，能够熟练完成顾客项目介绍礼仪的完整过程。

二、项目介绍礼仪任务训练

根据项目介绍礼仪要求，在老师指导下设计情境、工作任务，准备话术，反复进行训练,以达到掌握项目介绍礼仪的目的。

(一) 职业形象准备训练

1. 整理仪容仪表:检查、整理发型、妆容和着装,将精神面貌、心理状态调整到最佳状态,在顾客面前展现优雅、干练、专业的顾问职业形象。

2. 迎接顾客

(1) 问候礼:起身,面带微笑,眼神注视顾客,使用见面语问候。如:王姐,下午好!很高兴为您服务。

(2) 指示礼:面带微笑,使用手势礼,指向座椅示意顾客坐下。如:王女士,(拉开座椅)您请坐。

(二) 获得顾客信息礼仪训练

1. 聆听礼仪

(1) 用礼貌用语引导顾客讲出自己的需求。如:张女士,有什么可以帮助您?或者:张女士,您好!我们会所(院)是×××优质美容会所(院),您有什么需求?

(2) 认真聆听,特别是顾客的皮肤问题、引起皮肤问题的因素、与皮肤问题相关的生活习惯、各种活动等。

2. 皮肤检测礼仪:具体参考"案例2"。

【案例 2】 参考话术

张女士,请您到这边来,我帮您检测一下皮肤。您的皮肤存在×××问题(如毛孔堵塞、色斑、皱纹程度),您要引起注意,如果疏于养护会导致×××情况……或者,您的皮肤有了哪些改善,还需要进行×××疗程的护理。

3. 填写顾客健康咨询类表礼仪:具体参考"案例3"。

【案例 3】 参考话术

吴姐,您刚才讲的皮肤问题我已经写在表格中了,请您填写一下个人信息。方便进行准确的分析。

(三) 项目介绍礼仪训练

1. 品项介绍礼仪训练

(1) 沟通话术:根据顾客皮肤问题的成因,结合项目的原理、效果、特性介绍适合品项,组织沟通话术(参考"案例1")。

(2) 参考项目品项

1) 美丽季项目(保湿补水):

品项:氨基酸洗面奶、玻尿酸原液、双效补水按摩膏、玫瑰保湿面膜、玫瑰水、双效补

4-9

水霜、双重防护乳。

核心成分:玻尿酸、玫瑰精油。

2) 痘博士项目(控油祛痘):

品项:芦荟洗面奶、痘立净、氨基酸按摩乳、芦荟保湿面膜、芦荟水、冻干粉、丹参霜。

核心成分:芦荟、丹参提取液、表皮生长因子。

3) 青春不老项目(抗衰老):

品项:氨基酸洗面奶、谷胱甘肽原液、双效补水按摩膏、胶原蛋白面膜、玫瑰水、复方冻干粉、维生素E霜。

核心成分:谷胱甘肽、胶原蛋白、成纤维细胞生长因子。

4) 抗敏感项目(抗过敏):

品项:柔和洗面奶、洋甘菊精华液、洋甘菊按摩乳、洋甘菊面膜、洋甘菊水、冻干粉、双效补水霜。

核心成分:洋甘菊、表皮生长因子。

5) 嫩白项目:

品项:果酸洗面奶、左旋维生素C精华液、维生素E按摩膏、花青素面膜、玫瑰水、冻干粉、花青素霜、双重修复霜。

核心成分:果酸(3%)、左旋维生素C、花青素。

2. 方案介绍礼仪训练:设计情境,准备话术。

(1) 参考项目方案

品项:×××冻干粉(3 mg×6支/盒),××原液(10 ml×6支)/盒,××套盒(6件/套)3套。

(2) 护理流程:洁面霜(套盒中)洁面→离子水+注氧美容仪→精华+膜纸(套盒中)敷面→原液+冻干粉+超声波导入→面霜(套盒中)养肤→防晒霜防护。

(3) 护理疗程

1) 快调改善:3天1次密集护理,配合使用居家产品,每个阶段2～3个月,根据皮肤吸收情况适当调整。可以帮助皮肤快速恢复健康状态。

2) 慢调改善:7天1次护理,配合使用居家产品,每个阶段4～6个月。具有效果恒定、持久的特点。

(4) 居家产品:1个月使用××原液(10 ml×3支)3盒,每天早晚使用,每次1～1.5 ml;×××面膜(25 ml×5片)3盒,每周2次,睡前敷面15分钟(无需清洗);××面霜(50 g)2盒,早晚洁面爽肤后,取2 g均匀涂于面部吸收即可。价值:××××元。

3. 方案确认礼仪训练

(1) 顾客犹豫不决的参考话术:吴女士,您还有什么疑虑吗?或者,您觉得疗程太长吗?您觉得价钱太贵了吗?您对产品没有信心吗?在保证护理效果的前提下,我可以帮您调整一下疗程(价钱);您试一下这款产品,它不会对您的皮肤有任何伤害,而且质感细腻,皮肤吸收率很高。您看,这就是使用这款产品后的效果,我自己都在使用呢。

（2）顾客确认方案后的参考话术：吴女士，这是您的护理方案，请在这里确认签字。您现在有时间做护理吗？或者，我给您安排什么时间做护理？好的，我给您安排（预约）美容师。我们有安静型、温暖型、浪漫型操作间，您喜欢什么样的？好的，已经帮您安排（预约）好美容师和操作间，我带您去服务区（或期待您的光临）。

4. 异议或投诉处理礼仪训练：具体参考"案例4"。

【案例4】 参考话术

> 李女士，没有关系的，与您交谈是一种享受。不过皮肤状态会随年龄增长、节气变化以及心情起伏而发生改变，要多关心自己的皮肤，等发生问题再护理可要费时费力又费钱了。您记下我的联系电话（或微信），有需要时联系我，很高兴为您服务。

 任务评价

1. 分组评价：以学习小组为单位，在进行项目介绍礼仪的技能训练时，以组员互评、自评、教师评等方式进行学习效果评价（表4-1-2）。

表4-1-2 项目介绍礼仪训练评价表

组别	训 练 内 容	互评	自评	教师评
第1组	职业形象礼仪			
	流程熟练，语言流畅			
	专业知识表达准确			
	顾客感受			
第2组	……			
	……			

2. 思考与改进

（1）在美容会所（院）项目介绍服务中，职业礼仪还有哪些展现形式？

（2）根据不同情境设计项目方案，运用项目介绍礼仪完成与顾客的沟通。例如，顾客类型不同（完美型、活泼型、平和型、力量型）、顾客需求不同（抗衰祛皱、美白淡斑、祛痘）等。

（3）写出对项目介绍礼仪的认知和建议。

能力拓展

1. 熟练运用项目介绍礼仪，独立完成向店内老顾客进行项目介绍的工作任务，每学期收集案例不少于10个。

2. 熟练运用项目介绍礼仪，完成向新顾客进行项目介绍的工作任务，每学期收集案例不少于10个。

3. 具备对新员工进行项目介绍礼仪培训及指导的能力，每学期收集案例2个。

（朱　艳　申泽宇）

任务二　操作介绍礼仪

学习目标

1. 熟知美容操作礼仪的目的和重要性。
2. 在美容操作过程中，能够恰当地运用操作礼仪与顾客沟通，了解顾客需求。

情景导入

　　小白和小红是同期进入美容会所岗位学习的学徒，经过 3 个月的岗前技术学习，通过师傅考核后可以为顾客进行项目操作服务了。两人都为顾客李女士做过美容项目操作，开始李女士对她俩的服务还算满意。可近期李女士在预约服务时，总是找小白。一天，李女士又来电预约服务，因小白当天预约客满，前台推荐小红为她服务，这时李女士为难地说："小红操作时有点毛糙，拿取物品总会发出声音，操作手法感觉不舒服，操作完也不与我说……"作为一名美容师，被顾客如此投诉是最大的忌讳，大家思考一下小红的问题出在哪？应该如何避免？

相关知识

　　操作礼仪是美容服务过程中美容师必须重视的礼仪，也是岗位工作的基本要求及评估美容师专业能力的基本内容之一。

一、操作礼仪的目的及重要性

　　实施操作礼仪，是为了通过美容师的言行举止礼仪在整个服务过程中的体现，达到提高服务质量、获得顾客高度认同的目的。

　　高品质的项目服务操作，不仅仅是技术娴熟，更要求美容师能够通过良好的仪态、关心她人感受的举止、语言和同理心，按照顾客项目方案设计要求，围绕顾客需求与护理目标完成操作任务。所以，美容服务的操作过程也是美容师礼仪的展示过程，也是向顾客传递优质服务信息的窗口。

　　在服务操作过程中每一个流程变化、核心产品使用都要求美容师与顾客沟通，通过与顾客沟通,适时地提醒,说明操作效果,指导护肤方法,解答顾客疑虑,使顾客感受到被尊重、被关心,对自己消费的项目有了更深入的了解,就会积极配合操作护理要求,最终达到满意的效果。

操作礼仪在提高服务质量、获得顾客认同的同时,在维护顾客群体,增强美容会所(院)与顾客的黏性,树立美容会所(院)良好口碑方面起到重要作用。

二、操作礼仪

(一) 职业形象礼仪

美容师的职业形象礼仪要求贯穿整个服务流程,美容操作时也不例外。就像我们去看医生,在你就诊过程中医生衣冠不整,面无表情,语言生硬,你会是什么感受? 美容服务是奢侈型消费,对美容师的形象礼仪要求更高。

1. 仪容仪表礼仪:美容师在为顾客进行操作服务时,要求带妆,且妆感自然,妆面干净完整;口腔无异味,无残食留在牙齿上;束发(或戴帽),无碎发,不戴夸张头发饰品,刘海不遮挡眼睛;颈部、腕部和手指不戴饰物;操作服美观舒适,以不影响操作为宜,且无油渍、污渍、无异味;工作鞋舒适便于操作,鞋面干净,无污渍、无异味;指甲不可超过1毫米,无甲油,无污垢残留在甲缝中。

2. 仪态举止礼仪:仪态举止要运用护理接待礼仪,包括礼貌用语(如欢迎您、这边请、请保管好您的贵重物品等)和引领礼(如引客进入指定的护理房内、迎客入床、调整好顾客护理体位、铺盖护理毛巾、告知本次护理项目名称、护理时长等),充分展现美容会所(院)的优质服务。

操作前,美容师要将精神面貌、心理状态调整到最佳护理服务状态,在顾客面前展现细致、用心、专业的美容师职业形象。

(二) 操作过程中的服务礼仪

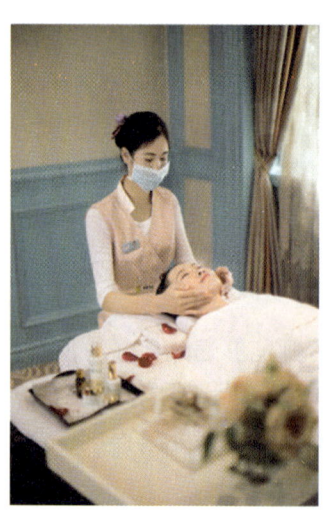

图4-2-1 面部护理操作

1. 环境礼仪:包括布置护理房间、摆放护理产品(仪器)等方面,要在顾客到店前10分钟完成对操作间的布置(床呈待客状态、播放顾客喜欢的音乐等),以及产品、工具的摆放。主要体现出对顾客的尊重,让顾客心情愉悦(详见"护理准备礼仪")。

2. 迎接顾客礼仪:美容师提前做好接待顾客准备,等候顾客到来,并给予引领(详见"接待顾客礼仪")。

3. 操作举止礼仪:操作举止礼仪主要体现在项目服务过程美容师的一举一动中,包括以下两个方面。

(1) 美容师操作体姿:在项目护理操作中,美容师操作体姿要符合项目要求(面部护理为坐姿,身体护理为站姿),以确保每个技术手法操作不牵强、舒适到位(图4-2-1)。

(2) 美容师操作举止:手法操作时,起始动作要轻柔,必要时需要用语言提示;拿取物品时要轻拿轻放,避免发生摩擦或碰撞的声音。

4. 操作沟通礼仪:在护理操作过程中,要对关键程序操作、特效产品使用配以相应的介绍话术。介绍时声调适中、语速均匀、语气平稳地告知顾客此程序的步骤或产品对皮肤(身体)的好处,以及看到皮肤(身体)有哪些变化(效果),增强顾客对项目服务的信心。

操作沟通中,不可偏离顾客需求,不可涉及顾客隐私或敏感话题,避免造成顾客反感而投诉。对于顾客的疑问或顾虑,应及时给予解答和指导。

5. 规范操作礼仪:对顾客的尊重还体现在规范操作方面。美容师操作要符合项目方案设置的流程和项目技术要求;不可私自随意增减护理手法、护理步骤和时间,避免操作不当,造成护理效果减低或操作用力过度造成的损伤。

4-2-1
确认客户需求

6. 服务告知礼仪:护理操作结束后,要用肯定的眼神和语言告知顾客本次护理相关效果与后期维护,再次增强顾客配合项目方案实施的信心。

(1) 操作结束告知:告知顾客本次护理结束,并给予适时的帮助,如扶顾客起身、从床下拿出顾客的拖鞋等(图4-2-2);提醒顾客带齐个人物品,引导顾客换好服装,整理发型。

4-2-2
操作前项目介绍

图4-2-2 服务告知礼仪示意图

(2) 效果维护告知:告知顾客本次操作后发生的皮肤变化,引导顾客观测本次护理效果;告知顾客本次护理后的注意事项和要求;告知并指导顾客居家护理产品的使用方法,以及按时护理的必要性。

7. 引领顾客礼仪

(1) 引领顾客到休息区:使用引领礼仪将顾客带到休息区,请顾客坐下,并为顾客准备水果或茶饮。

(2) 引领顾客到前台:使用引领礼仪将顾客带到前台,填写"顾客护理表",记录本次操作过程和效果,并让顾客确认签字。

(3) 引领顾客到顾问间:使用引领礼仪将顾客带到顾问间,向顾问说明本次效果、

4-2-3
身体护理操作结束

卡次余额,并让顾客确认签字。

(4)送顾客离店:使用引领礼仪引领顾客到门口,目送顾客离开美容会所(院)。

(三)操作礼仪要点及注意

操作流程、使用产品及操作时间,都要在相应的步骤告知顾客,既体现规范、专业,又满足顾客个性化需求。

1. 操作流程规范:严格按照项目操作流程要求操作,不能擅自增加或减少操作步骤。
2. 使用产品规范:产品使用品种和使用量要严格按照护理方案要求执行,不能擅自变动。
3. 保证操作时间:严格按照项目操作时间规定操作,不能擅自延长时间或缩短操作时间。

 任务分析

操作礼仪是美容师展示优质、高效服务的关键,是顾客评价美容会所(院)优劣的重要依据之一。操作礼仪不仅体现美容会所(院)专业程度的高低,还是决定顾客是否有效消费、美容会所(院)业绩是否稳定增值的关键环节。操作礼仪是美容会所(院)与顾客之间相互依存的纽带。

通过前面的学习,我们应该明白"情景导入"中小白犯了操作失礼的错误。由于这关系到顾客的切身感受,关系到美容会所(院)的利益。所以,我们在服务操作过程中要严格执行操作礼仪,才能够避免类似失误的发生。

在操作礼仪的学习过程中,学生(学徒)往往会出现对于项目操作流程不熟悉、不明确、准备不充分等问题,导致操作礼仪运用不当的情况。主要原因是:①对项目操作流程的效果与方案产品之间的关联性掌握不牢;②忽略了顾客的感受及对操作力度要求的个性化差异;③对操作礼仪的重要性缺乏足够的重视;④缺乏对操作礼仪情景的学习和实践。

要做到符合操作礼仪规范要求,学生(学徒)既要知悉操作手法对护理效果的影响,还要具有优质操作服务的意识。在老师的指导下,不断认真刻苦学习和反复多次与不同的顾客群体在操作服务情景下进行实践训练,才能真正掌握操作礼仪的技能。

 任务准备

(1)按照项目操作服务的要求,做好美容师的职业形象准备(发饰、妆面、服装)及与顾客沟通的话术。

(2)按照项目操作流程,准备好品项产品摆放、床铺整理(服务礼仪)。

 任务实施

一、集中练习

学生(学徒)在教师示范后,结合美容会所项目操作流程的情景,完成操作礼仪练习

（形象、操作动作和话术）。

（一）小组练习

2个学员一组，进行角色扮演，互为顾客或美容师，完成项目操作礼仪的练习，注意各步骤的相关要求。

（二）个人训练

根据老师指定的项目操作情景，进行操作礼仪反复练习，逐渐掌握项目操作礼仪的流程、操作手法和话术。

二、操作礼仪模拟训练

（一）操作环境礼仪

（1）操作间通风，整理操作床呈待客状态，播放顾客喜欢的音乐。

（2）领取护肤用品和工具，并按要求摆放整齐。

（二）迎接顾客礼仪

（1）美容师换好操作服（或工装），检查妆面（必要时补妆）和指甲状态，整理服装及发饰。

（2）美容师站在操作间门口，面带微笑，呈标准站姿。

（3）顾客来时，眼睛注视顾客，礼貌称呼顾客，并给予亲切问候。例如："吴女士，下午好！您的状态真好，很高兴为您服务"。如果是第一次为这位顾客服务，要说："我是本次为您服务的美容师×××，很高兴为您服务。"

（4）用手势引导顾客进入护理间：打开房间门，用手势引导顾客进入护理间，并用亲切的语言告知顾客。例如："吴女士，这是今天为您准备的××护理间，您请进。"

（三）操作前介绍礼仪

美容师保持微笑，标准站姿，用亲切的语言，配合手势熟练地向顾客介绍用品用具，并指引顾客按项目体位躺下。

（1）手势指向美容推车产品，向顾客介绍重点产品和仪器，例如："吴女士，这是您今天××项目使用的产品和仪器。"

（2）手势指向美容床告知顾客："这是一客一换一消毒的床品，请放心使用"。

（3）让顾客按项目要求体位躺下（面部护理时仰卧，身体护理时俯卧），并用语言提示，例如："请您仰卧位躺下"或"请您俯卧位趴下"。

（四）操作过程中的沟通礼仪

1. 常规操作沟通礼仪：根据项目操作流程为顾客提供服务，美容师调整好操作体位（坐姿、站姿）。包头巾时动作温和，避免扯痛顾客头发。同时配合语言提示，例如："吴女士，我现在为您包头，请问这个松紧度可以吗？"

消毒操作时动作要轻、稳，避免发出碰撞声和器具掉落声，同时配合语言提示，例如："吴女士，为保证项目护理效果，我现在进行手部（仪器）消毒，请稍等。"

需要换水时要告知顾客。起身时要稳，不要发出噪声或将水洒出，同时配合语言提示，例如："吴女士，现在需要换水，您稍等。"

接触顾客皮肤时要注意手的温度,保持手部温暖;手法施力要均匀,动作变换、添加产品或使用仪器时要告知顾客。例如:"吴女士,我的手不凉吧?这个力度可以吗?现在要用仪器导入精华素,您有什么不舒服的地方告诉我"或"我现在开始点按穴位,如果力度过大或过轻请告诉我"。

2. 专业操作沟通礼仪:操作时与顾客沟通非常重要。适时的沟通能够拉近美容师与顾客的距离,让顾客更加信任美容师,更愿意配合美容师的工作,不仅增加了友情,更提高了护理效果。以面部常规基础护理项目操作礼仪为例。

【案例1】 卸妆话术

吴女士,您是带妆来美容会所(院)的,我现在为您卸妆,请您闭上眼睛。请放松,我会小心为您操作的。妆卸好了,您可以睁开眼睛了。

【案例2】 洁面话术

吴女士,现在为你清洁面部,这种力度合适吗?同时,介绍面部清洁产品的特性。好的面部清洁产品不仅是清洁皮肤表面的油垢、污渍以及老化的角质细胞,还能调节皮肤的酸碱度,疏通毛孔,防止细菌繁殖,提高皮肤吸收能力,有利于后续营养成分吸收。

【案例3】 爽肤话术

吴女士,我现在为您爽肤。您的眉毛需要修理了,我来帮您修眉。这样的眉形您喜欢吗?

【案例4】 仪器导入话术

吴女士,我现在用超声波(或其他仪器)为您的皮肤导入××精华素,整个过程需要10分钟,您有什么不适要及时告诉我。导入结束,您的皮肤吸收很好。

【案例5】 面部按摩话术

吴女士,我现在开始给您做面部按摩。这是按摩膏,含有×××成分,非常适合您的皮肤。这种力度可以吗?吴女士,面部按摩结束了,您的皮肤变白了,比之前更细腻、光滑了。我现在为您擦拭按摩膏。

【案例 6】 面膜话术

吴女士，准备为您敷面膜。边做边介绍面膜的功效。面膜可以增加皮肤的含水量，有利于营养成分吸收，会使皮肤变得更漂亮。吴女士，时间到了，我为您卸膜。看看您的皮肤水水嫩嫩的，非常有光泽，色斑变淡了，皱纹也变浅了。您的皮肤真好。

【案例 7】 护肤话术

吴女士，现在给您涂抹的是××护肤霜，它富含×××高活性营养因子，对维护皮肤效果非常好，平日也要坚持使用，才能保持皮肤的良好状态。

【案例 8】 操作结束话术

吴女士，本次护理结束了。此时轻柔地将头巾松开，扶顾客起身，帮顾客放松肩颈，让顾客坐在美容椅上。您看这次效果多好啊，皮肤水润、白嫩（或毛孔干净）。您下次的护理时间是×日，您可以提前预约，很高兴下次还为您服务。

注意：沟通要围绕护理项目对顾客皮肤问题改善效果进行，重点强调坚持疗程对效果维护的好处和居家保养方法，尽量避免其他话题。如果顾客主动向你倾诉，要认真聆听，适时回应。在顾客需要休息时应停止沟通，寻找合适的时间再完成必要的沟通。另外，对于初次进行项目护理的顾客，可以全流程操作沟通；对于老顾客，可以在观察顾客效果后，在操作核心流程时进行沟通。

（五）操作流程结束礼仪

1. 操作结束告知：参考"案例9"。

【案例 9】 参考话术

吴女士，您的护理流程结束了，我扶您起身，这是您的拖鞋。

吴女士，您到这边来换衣服、整理头发，请带好您的个人物品。

2. 效果维护告知：参考"案例10"。

【案例 10】 参考话术

吴女士，您的皮肤变白了，看下这里的色斑也变淡了，皮肤白里透红，水水嫩嫩的，真漂亮。

吴女士,好皮肤是养出来的。您要注意防晒,坚持使用×××精华素和×××霜,每天早晚洁面后使用。

吴女士,居家产品一定要记得使用,现在正逢春季,气候干燥,××精华素您可以增加使用次数或增加使用量,××霜睡前增加1次。好皮肤是管理出来的,疏于管理,皮肤就会变差,甚至提前衰老。所以,您一定要坚持按时来做护理,皮肤会越来越好的。

(六)引领顾客礼仪

1. 引领顾客到休息区:参考"案例11"。

【案例11】 参考话术

吴女士,这边请,您休息一下,我给您准备水果、点心、茶。这是为您准备的点心(茶),请品尝。

2. 引领顾客到前台:参考"案例12"。

【案例12】 参考话术

吴女士,请跟我来前台。这是这次护理的记录表,您有什么疑问吗?请在这里签字。

3. 引领顾客到顾问间:参考"案例13"。

【案例13】 参考话术

吴女士,请跟我来顾问室。

张顾问,您好!这是吴女士的护理卡,这次护理后吴女士的皮肤改善明显,色斑淡了,皮肤看起来含水量明显增加。这次护理是最后一次了,请您帮吴女士检测一下皮肤,看是否需要增加疗程。

吴女士,这是我们的张顾问,让她帮您检测、分析一下皮肤,您请坐。

4. 送顾客离店:参考"案例14"。

【案例14】 参考话术

吴女士,我送您到门口。

吴女士,您慢走,欢迎您再次光临。

注意:训练要反复进行,直到完全掌握。

 任务评价

1. 分组评价:以学习小组为单位,进行操作礼仪的技能训练。以互评、自评、教师评的方式进行学习效果评价(表4-2-1)。

表4-2-1 操作礼仪训练评价表

组别	训练内容	互评	自评	教师评
第1组学员	职业形象礼仪			
	操作步骤与话术			
	专业知识运用			
	注意事项与细节			
	顾客感受			
第2组学员	……			
	……			

2. 思考与改进

(1) 美容服务为什么要强调操作礼仪?

(2) 关于操作礼仪你有什么想法和建议?

 能力拓展

1. 熟练运用操作礼仪独立完成美容身体项目护理的操作。
2. 依据操作礼仪,完成5例顾客满意度调查,并写出调查报告。
3. 对"新员工"进行操作礼仪训练指导。
4. 对以下案例中美容师的服务进行点评,并提出个人的看法和建议。

王女士,是×美容院的新顾客,在该美容院开业的时候开了一张半年卡,共到店5次,今天周三,王女士提前约了美容师小乐于下午2点做面部护理。因为她4点有个会议需要参加,所以时间比较紧凑。小乐收到这个信息后知道一定要控制好护理的时间,不能影响到王女士接下来的会议。她在顾客到店前就做好了房间及物料的准备,王女士到店后直接指引她进美容房。小乐对王女士说,虽然您今天比较赶时间,但我会控制好护理时间的。小乐在开始护理操作后和王小姐第一次到店一样,跟她说明每一步的操作细节。具体话术如下。

小乐:王女士,今天给您操作的是面部××净肤护理,护理时间共70分钟,现在是下午2点10分,护理将在3点20分结束。我们店离你公司比较近,所以您是来得及参加会议的,您不用担心。现在我进行手部消毒,如你闻到酒精味,请您不要介意。

王女士：好的，那就好。

小乐：现在为您做的是××净肤护理疗法，现在使用的是柔和洁肤乳，卸妆清洁二合一，干手干脸操作，弱酸性乳液配方，用后不紧绷，肌肤光滑细腻。

小乐：现在给您使用柔和爽肤水，这是一款纳米级分子结构的活性爽肤水，可迅速渗透到肌肤底层，快速补水，平衡肌肤 pH 值。

小乐：现在给您使用镇静舒缓面膜，这是一款具有舒缓镇静、修复皮脂膜的冰膜，主要成分是透明脂酸和薄荷，快速给细胞间脂质补充水分，唤醒沉睡细胞。敷在肌肤上会有冰冰凉凉的感觉，非常舒服。

如肌肤内环境极度缺乏水分或肌肤底层有炎症，敷上会有微热、刺刺的感觉，属正常现象。当水分逐渐渗透滋养肌肤，3～5 分钟这种微热刺感会逐渐消失。

小乐：现在给您用的是水合按摩霜，能够补充肌肤所需营养，可促进胶原蛋白的再生，润泽肌肤。首先点按面部的淋巴反射点，加强皮肤的排毒代谢。现在给您做面部按摩提升，随着按摩会加速面部的血液循环，面霜的营养会逐渐渗透到肌肤底层，肌肤细胞会水润充盈，滋润有光泽。

小乐：现在给您使用柔和保湿面膜，主要给肌肤细胞补充营养和水分，提亮肤色的效果特别明显。为了加强面膜的吸收，在面膜上再给您敷一层水膜。敷完面膜可照镜子看看肌肤的变化，会明显感受到肌肤白皙透亮、水嫩。

小乐：现在给您使用润肤隔离，××净肤护理疗法已经操作完毕，您会感受到肌肤明显白皙细腻、水润充盈、通透有光泽。王女士，今天的面部护理已经结束了。现在是 3 点 20 分。我先扶您起来，您先更衣，我去给您装一碗水果……

王女士：好的，谢谢。做好我先走了，下次再预约你。

小乐：好的，再见王女士。

（朱　艳　申泽宇　周春玲）

任务三　售后服务礼仪

 学习目标

1. 熟悉美容售后服务的重要意义，了解售后服务礼仪的主要沟通方式及注意事项。
2. 能够在售后跟进工作中，恰当运用服务礼仪，为顾客提供优质的售后服务。

 情景导入

店长最近发现小吴的好几个顾客都没到店做护理了，于是跟小吴了解情况。小吴说，"我也很苦恼，不知道怎么回事，给顾客发信息，她们也不回，打电话也是找借口说很忙没时间来做护理。"店长再问，"你是怎么跟顾客发的信息呢？"近几次小吴发的信息如下。

［11月7日］

小吴：李姐，您最近什么时候有空过来做护理？

顾客：今天下午吧，安排做面部。

小吴：好的。

［12月1日］

小吴：李姐，您最近什么时候有空过来做护理？

顾客：不用了，才做完没几天。

小吴：好的。

［12月5日］

小吴：李姐，您最近什么时候有空过来做护理？

顾客之后就没回过信息了。

王店长看完小吴的信息后，告诉小吴，这样的售后服务不行，只会让顾客离我们越来越远。

请思考：应该怎样才能做好美容院的售后服务呢？如果是你，会怎么售后跟进这位顾客？

一、美容售后服务的重要性

美容会所(院)售后服务在美容会所(院)的经营管理中起到稳定老顾客、长期发展新顾客的重要作用。要想将新顾客转化为长期、忠诚度高的老顾客,周到的售后服务和意外惊喜是必不可少的。可以说,美容服务流程中售后服务的质量是直接关系到美容会所(院)是否长期生存的重要因素。

(一) 服务带给顾客的信任

美容会所(院)的服务流程中体现人文关怀的服务,在售后服务的过程中表现出对顾客的关心、尊重,让顾客享受到增值的售后服务,是很多美容会所(院)提升服务价值、留住顾客的法宝。尽管美容会所(院)有多种方式开发客源和发展新顾客,但通过做好售后服务,从深层次加深顾客对美容会所(院)的印象,让顾客的冲动消费转化为理性消费,去赢得顾客的认可和信任,顾客才愿意长期在美容会所(院)消费,成为长期忠诚度高的顾客。对于美容师来说,做好售后服务需要注意以下几点。

1. 调整好自己的情绪:无论以什么方式与顾客联系,首先要调整好自己的情绪,要保持积极乐观的心态,主动为顾客服务,以亲切、礼貌的言语与顾客沟通。美容会所(院)为不同消费项目的顾客制订个性化的服务跟进制度,是为了更好地服务于每一位顾客。但无论顾客属于哪一类型,都要一视同仁,要以同样热情、礼貌的态度真诚服务每一位顾客。

2. 给予顾客正确的产品使用指导:具备专业的皮肤基础知识,使你的沟通更具有说服力。主动关心、询问顾客产品使用后的情况,告诉顾客使用的技巧、保存方法及注意事项等知识,耐心地向顾客清楚介绍产品使用注意事项等相关信息非常重要,体现对顾客的关心和体贴。

3. 给顾客信心与希望:专业经验,使你更加具有信心与自信。当顾客担心自己的皮肤问题不能改善或对产品效果质疑时,首先对顾客的反应表示理解;然后耐心地为顾客分析皮肤问题形成的原因、处理方法及恢复过程,给顾客信心与希望,使顾客急躁情绪得以缓解,同时更加信任美容师的专业指导。

(二) 最佳售后服务品质可拓展客源

我们给予顾客的服务是有形的和无形的同时进行,做好售后服务,与顾客保持紧密的联系,让她们得到更多的美容知识和优质的售后服务,自然而然就能够得到顾客的信任,她们也愿意为美容会所(院)介绍新的顾客,会或多或少向亲戚朋友推荐为她提供优质服务的美容会所(院)。这种依靠提升服务品质赢得顾客好评,以老顾客推荐来的新顾客,容易建立信任达成销售。因此,美容会所(院)的顾客会越来越多,形成良性循环。

总之,在售后服务的过程中,以良好的美容职业形象和专业素养,熟练使用礼貌的言语及沟通方式,才能与顾客建立紧密联系,保持良好的客情关系,从而提升售后服务价值,也是发现问题、广纳建议、改进服务质量和提升服务水平的有效途径。

往往多数美容顾客都喜欢分享,当顾客亲身体验到优质的服务以及感受到在皮肤上产生的效果,都会向身边的同事、好友介绍,这种通过顾客口口相传是最好的广告,也是拓展客源最有效的方式。通常老顾客愿意为美容会所(院)介绍新顾客的原因是:①美容师热情、用心的服务,熟练的专业技术,足以让顾客产生信任。②安全有效的产品,使顾客皮肤呈现明显的变化,进而使客户乐于使用。

二、美容售后服务的方式及礼仪要求

售后服务的方式很多,具体采用什么方式,不是固定不变的,而是跟美容会所(院)的顾客及服务的内容有关,具体要灵活运用。以能够体现对服务对象的人文关怀,且在企业能力范围内可操作的、又让服务对象能接受的方式为妥。

(一) 售后服务跟进的方式

1. 电话沟通:针对有关内容,通过打电话对顾客进行售后服务跟进。这是简单、方便、常用的服务跟进方式,包括日常的电话问候、节日的电话问候、生日的电话问候。要注意打电话的时间,不会给顾客造成不便或打扰,如上班时间、午休或用餐时间。

2. 微信或发短信:随着新媒体技术的发展,微信已成为现代社会人必不可少的社交平台,也是售后服务极为方便、有效的跟进方式。合理运用该方式,对于增进与顾客的情感联系、反馈美容服务信息、改进美容服务质量具有极大的帮助。内容可以是一些天气变化的温馨提示、节日的问候、美容方面的小贴士等。

3. 面对面沟通:在美容会所(院)店内与顾客亲密交谈的方式进行。售后服务,可单独交谈或多人一起交谈,根据实际情况酌情选用,内容为服务质量、操作手法技术及产品效果类的反馈及建议等。

4. 问卷调查:一般针对某一新项目或新产品的售后服务应采取问卷形式进行调查反馈,获得对该项目或产品使用后较全面的用户信息,问卷可采用纸质或电子版形式。要注意问卷对调查对象的礼貌称呼,对配合调查表示感谢。

5. 实地走访:在征得顾客同意的情况下,对服务后的顾客采用上门服务的方式。这是一种非常正式、有仪式感的服务跟进方式,到访前需要做好充分的准备。访谈内容为产品质量、服务质量中存在的不足,了解顾客针对存在的问题提出的改进意见,要以谦虚的态度用心倾听、认真记录。

(二) 售后服务的基本要求

为了更科学地服务好顾客,在提供优质服务的同时,也要防止顾客的流失。美容会所(院)会根据美容项目及顾客的数量设计服务跟进计划,美容师、美容顾问及店长等不同角色负责不同数量和类型顾客的售后服务跟进,以加强与顾客的联系并给予专业的指导。往往好的售后服务会让顾客接受并由此产生信任感,如果售后服务能坚持做到

以下几点,就容易赢得顾客的好评。

1. 熟悉顾客:为了科学有效地服务好顾客,把售后服务落实到位,责任到人,避免出现店内服务结束对顾客的服务也全部结束,没有售后跟进的情况。店长或专属美容师要根据跟进计划,先查阅顾客档案,了解顾客基本信息、消费项目等有关资料。重点记住顾客的名字、护理项目及时间、顾客的兴趣爱好、生日等重要信息。做到心中有数,再按服务规定的时间和方式联系顾客,每次与顾客的沟通有礼有节、恰到好处,体现了贴心、真诚、周到的个性化服务,让顾客感受到售后依然细致入微、关怀备至。

2. 尊重顾客:尊重与礼让是礼仪的本质。售后服务要充分尊重顾客的主观意愿、个人爱好、生活习惯,以不打扰顾客为前提。如果服务跟进缺乏尊重,其效果将会适得其反。

3. 关爱为重:在美容售后服务的过程中,要自始至终通过与顾客亲切友好的交谈,询问顾客对服务的环境卫生、产品质量、美容技术、服务质量等是否满意及存在问题,以及今后需要改进之处等,来表达对顾客真诚的关爱。切忌以推销产品和拓展业务为主题,导致顾客反感。

4. 适度为妙:在美容售后服务的过程中,美容师/美容顾问对沟通时间长短、内容深浅、礼品轻重等细节,均要有恰到好处的把握;要根据顾客的喜好和心理特点做出现场判断,随机应变,既能够充分地表达关爱和拓展业务,又能让顾客欣然接受;切忌使服务跟进变得冗长沉闷。

5. 气氛温馨:在美容售后服务的过程中,美容师/美容顾问要努力营造温馨和谐的沟通气氛,注意说话的语气,声音不要太大,要让顾客感到亲切、愉悦的交谈氛围,顾客才愿意表达真实的情感和需求。

三、美容售后服务的经验分享

(一)做好美容售后服务的关键

1. 顾客档案记录要完整及时:顾客档案较全面、详细地记录顾客的基本信息(年龄、皮肤类型、健康状况及联系方式等)、消费项目、时间、使用产品、护理疗程安排、店内消费情况、顾客喜好、禁忌及每次跟进的详细记录等,能为做好售后服务寻找与顾客沟通的切入点,拉近与顾客间的距离。

2. 科学制定服务跟进计划:根据美容会所(院)工作目标和进程安排,结合顾客的具体情况,制定详细的美容服务跟进计划。主要内容包括服务跟进的总目标、总人次、月人次及安排、费用预算等,明确服务跟进的目的、对象、内容、时间、地点、方式、参与人员、礼品准备及注意事项等,使售后服务能够责任到人,落实到位。

3. 熟练运用社交礼仪与沟通技巧:美容服务跟进需要在特定的场合与顾客进行沟通,因此美容专业人员要掌握社交礼仪与沟通技巧,如美观得体的仪容仪表和仪态举止礼仪、见面礼仪、交谈礼仪、电话礼仪、微信礼仪、拜访礼仪、接待礼仪、馈赠礼仪等社交礼仪的原则与沟通技巧,并且在美容服务跟进实践中灵活运用,不断总结和提升,使自已能够娴熟地开展售后服务工作。

(二) 做好美容售后服务的话术举例

1. 售后服务常用话术分类整理：我们去美容会所（院）做过美容，都有类似的体会，到店体验感觉越好，进店频率越高，会主动将在店里享受到的优质服务分享给亲朋好友，并约她们下次结伴而去。相反，如果体验不满意，就会产生上当了的感觉，以后不会再光顾。因此，美容的销售是从售后开始。下面以某美容院为例，为了让美容师熟练掌握售后服务沟通技巧，将常用的售后服务话术分类整理，以方便学习借鉴。

（1）感同身受的语言：能稳定顾客的情绪。如"我非常理解您的心情。""给您带来的不便，请您谅解，我们会尽快处理。""您好！非常抱歉，给你造成的麻烦，是我们工作上的失误。"

（2）表示重视的语言：让顾客感觉她被重视的，同时感受到我们的服务态度是认真的，"感觉您提出的宝贵意见。""我们会认真对待，会提供更好的服务给您。"

（3）表示尊重的语言：不可直接指出顾客的表达不清楚或没听清楚，而是换种方式表达，体现对顾客的尊重。如"能否重复一下您刚才说的问题""可能我没表达清楚"。不可说"我已说那么明白了，你怎么还不清楚。"

（4）表示感谢的语言："感谢您的支持""感谢您对我们工作的肯定""谢谢理解，我们会不断改革，更加完善服务。"

在进行售后服务的过程中，与顾客沟通时务必保持良好的态度和耐心，冷静、热情地用专业的、礼貌的语言进行沟通，顾客获得更多的同理心，对售后服务才会满意。

2. 售后服务微信沟通技巧：以情景导入案例举例说明。店长就将小吴的微信进行了修改，让小吴以后注意，发给顾客的微信要简洁，但该体现的关心、问候语不能省。小吴："李姐，上午好！最近天气比较干燥，您上次做面部已有20天了，建议尽量抽时间，最好保证每周做一次。明天正好我上早班，要不要给您预约一下？"顾客："好的，我明天抽空过来"。小吴："上午9点还是10点，您看哪个时间方便？"顾客："上午10点吧。"小吴："李姐，那就给您安排明天上午10点，还是您上次做的那个房间，行吗？""李姐，你是开车过来吗？""开车小心，注意安全！""我9点50分在楼下等您，谢谢！"

3. 美容师售后服务心得体会：美容会所的王顾问对如何做好售后服务颇有一些心得体会。

> **经验分享**
>
> 美容会所的王顾问，对做好售后服务深有体会。她认为，服务不仅仅要满足顾客期望值甚至要高于期望值，如果说提供一个能够让顾客记住的服务，很大程度上是在售后服务上体现。特别是以下几点很重要。
>
> 1. 在为顾客提供服务时，多站在顾客的立场上想问题，所说的就正是她想知道的。

2. 对顾客造成的不便，要承认事实并真诚地道歉。

3. 真诚地为顾客做一些延展服务，让顾客体验"超值"服务（如生日问候、产品体验、赠送礼品）。

4. 售后服务的方法很多，一定要针对顾客的兴趣及喜好，选择适合的方式。

5. 服务结束后，主动问候及询问这款产品使用的感受如何，使用过程中有没有什么问题以及使用方法不当等。平时要注重客情维护，逢年过节记得问候。

6. 对顾客造成一定伤害的，一定给予适当的附加价值的补偿。

 任务分析

美容行业发展至今，已成长为较为成熟的服务行业，在激烈的市场竞争中，多数经营者都已明白，唯有优质的服务才能留住顾客，生意才会越来越好。对多数美容会所（院）来讲，靠优质的售后服务稳定老顾客，靠口碑传播拓展新顾客。那么如何做好美容的售后服务呢？方法有很多，只要重视并掌握沟通礼仪及技巧，赢得顾客长期的信任，才会有稳定的客源。因此，从思想上充分认识到售后服务跟进是完整的美容服务不可或缺的一个部分，以正确的态度认真学习、刻苦钻研和努力实践，是做好服务的根本。

 任务准备

（1）美容售后服务跟进的案例及沟通话术。

（2）美容服务跟进公司年度规划和具体计划案例，便于学习怎样制定售后服务跟进计划。

（3）售后服务跟进实训情境设计。可以设计电话、微信、走访、座谈、问卷等服务跟进情境，以备实践不同方式的售后服务跟进。

 任务实施

一、自学

在线查找美容会所（院）售后服务跟进相关知识，了解美容售后服务的重要性及美容护理服务跟进话术，在不同时间以电话、微信等方式跟进沟通的内容，常用礼貌用语。

二、集中学习

（一）售后服务跟进案例讨论

分组进行案例讨论，每组4～6人，在教师启发引导下，通过对美容店售后服务跟进的实际案例进行讨论，熟悉售后服务跟进的沟通方式及技巧，提高对售后服务跟进重要

任务三 售后服务礼仪

性的认识。

(二)售后服务跟进沟通技能训练

1. 任务情景设计：教师以美容服务跟进年度规划和具体计划的案例为例，分别设定电话、微信、走访、座谈、问卷等服务跟进情境，根据岗位工作中售后服务跟进的实际操作过程，启发学习者按照沟通礼仪的要求，设计与同事、上级及顾客进行沟通的对话。售后服务跟进的步骤如下。

步骤一：拟定服务跟进对象。根据美容服务跟进公司年度规划，拟定本次实施售后服务跟进的对象。

步骤二：制定本次售后服务跟进的具体计划，计划内容包括：服务跟进的目的、对象、时间、地点、参与人员、方式、礼物准备及注意事项等。

步骤三：请示汇报上级部门。门店负责人将拟定的售后服务跟进计划呈交上级，详细汇报本次售后服务跟进的设想和工作准备情况。

步骤四：做好售后服务跟进预约。在征得上级认可的情况下，门店负责人与顾客沟通，约定本次售后服务跟进的时间和地点。

步骤五：实施售后服务跟进。在准备工作就绪的情况下，门店负责人按照既定的售后服务跟进计划及与顾客约定，实施售后服务跟进。

步骤六：评估售后服务跟进效果。售后服务跟进工作结束后，参加人员要及时进行总结，评估售后服务跟进取得的效果，为今后开展售后服务跟进提供参考和借鉴。

2. 小组练习——任务训练：4~6人为一组，按照任务情景设计的对话，轮流模拟扮演美容师，与顾客进行沟通，另外的同学作为观察者，在一旁观察、记录，然后将存在问题及时进行反馈。通过边练习边矫正，反复多次的训练，初步学会美容售后服务跟进的基本方法。

3. 自我训练——自我学习：自我设定不同的美容服务跟进方式情境，按照教师示范和小组练习的方法，反复进行售后服务跟进的训练，直至熟练地掌握售后服务跟进的礼仪，懂得如何执行售后服务跟进计划，并能根据实际情况选用合适的售后服务跟进方式有效地开展售后服务跟进，满足未来工作岗位的需要。

三、美容售后服务岗位实践

学习者到美容会所(院)，实地参观学习怎样执行售后服务跟进计划，怎样通过电话、微信、走访、座谈、问卷等方式开展售后服务跟进，以及怎样在售后服务跟进中应用社交礼仪原则和技巧等。

 任务评价

评价：以小组为单位，进行美容售后服务跟进实践展示，以自评、互评、教师评方式评价学习效果(表4-3-1)。

美容礼仪

表 3-4-1 美容售后服务跟进效果评价表（参考版）

组别	评价内容	评价（优、良、差）			存在问题
		自评	互评	教师评	
第1组	计划执行到位				
	售后服务满意				
	礼仪原则应用恰到好处				
第2组	……				
	……				

 能力拓展

1. 根据本任务的学习，设计美容师做面部补充护理后1周内，即护理后第1、第3、第7天的回访话术（电话、微信方式）。

2. 设计美容师售后服务回访跟进记录表。

3. 下面是"某公司售后服务跟进-预约顾客实施计划"。如果你是美容师，你觉得这个计划是否还需要进一步完善？如何完善？假如你是顾客，美容师以这些方式和语言与你沟通，你能接受吗？为什么？

某公司售后服务跟进-预约顾客实施计划

一、售后服务跟进-预约顾客的目的

1. 保障护理效果，强化客情，增加客流及实耗业绩，提高营业额。
2. 使美容院的运营更加有序。
3. 更好地帮助美容师安排客人时间。
4. 方便会员安排时间，使会员得到全程星级服务。

二、售后服务跟进-预约顾客的要求

1. 关键点：客情。
2. 原则：坚持。
3. 时间限制。
4. 从需求出发。
5. 有效保障：①对美容师有明确的数据要求（要求预约的数量）。②美容师的激励政策（快乐基金）。
6. 准备相应的拒绝解答话术。
7. 上级的检查与指导。

8. 针对特别顾客的特别手段。

三、日常售后服务跟进-预约顾客的实施方法

(一)预约

在护理过程中,美容师与顾客预约;护理结束,美容顾问与顾客预约,即约定下次护理时间。

1. 美容师售后服务跟进-预约顾客

(1) 跟进重点:表明疗程效果的要求及时间规划。

(2) 跟进话术

• 美容师:陈女士,我今天帮您做的是××护理,重点是深层清洁(补水)。依据您今天的皮肤吸收效果来看,5天左右需要过来做深层加强(巩固)护理,所以我请前台帮您预约下次护理时间,好吗?

• 顾客:我不确定是否有空呢。

• 美容师:您给自己计划个时间段吧!您来做护理,对效果也是有需求的,所以还需您按疗程时间过来。为了您的完美肌肤,我们相互配合,一起努力。您看是安排下周三还是周四过来呢?

• 顾客:周三吧,到时麻烦再次提醒。

• 美容师:好的,暂时帮您预约周三的同样时间,到时我会提前1天与您确认。

2. 美容顾问售后服务跟进-预约顾客

(1) 跟进重点:表明疗程效果的要求及时间规划。

(2) 跟进话术

• 顾问:陈女士,皮肤做完好漂亮,摸摸看,水分柔软度超好,毛孔干净好多了。

• 顾客:哪有,当时做完是好啊。

• 顾问:当然啦,您目前是疗程的第一个阶段,现在是5天做1次。做完疗程再看效果,又会有不一样的新面貌。

• 顾客:会吗?

• 顾问:配合疗程,按时来做护理,一定会给您满意的效果。我们前台已帮您约好下周三的3点,到时同样安排小美为您服务。

• 顾客:好的。

• 顾问:那我们下周三3点见。

(二)电话提醒

美容师在约定护理的前1天打电话提醒。

1. 跟进重点

(1) 落实具体时间,确定护理项目,做好前后台的分工配合。

(2) 合理分配工作及业绩来源。

2. 跟进话术

- 美容师：陈女士，您好！我是美容师小美，不好意思打扰了！
- 顾客：没事，请说。
- 美容师：陈女士，您23号做的面部护理，现在已经到了护理时间，提醒您预约了明天下午3点，能准时到吗？小美等您过来哦！
- 顾客：好的，我明天能到。
- 美容师：陈女士，您面部和身体一起做吗？
- 顾客：就做面部。
- 美容师：好的，那我们明天3点见，3点前我会用短信提醒您。
- 顾客：好的。
- 美容师：谢谢陈女士的预约，我们等候您的光临！祝您生活愉快！

（三）确认

在约定护理时间前1个小时，前台以短信形式与顾客确认。

1. 跟进重点

(1) 温馨提醒，顾客对时间的紧迫感。

(2) 有效利用店内资源。

2. 前台短信内容

陈女士，您好！您已预约今日下午3点的美容护理，××美容店等候您的光临！祝您生活愉快！

（梁 冰 殷秀娟 吴 曦）

任务四　投诉处理礼仪

 学习目标

1. 熟悉顾客投诉处理的重要性、投诉处理礼仪的原则与方法。
2. 能够将沟通礼仪相关知识正确运用于处理顾客投诉的实践中。

 情景导入

王女士在某美容院办了一张年卡,才做了一次就说要退卡,原因是为其安排的美容师小梅专业技术手法差,做起来不舒服。面对王女士的投诉,张顾问面带微笑,保持礼貌、友善的态度,首先对王女士造成的不便道歉,诚恳地说:"您好！我非常理解您的心情,换成是我也会跟您一样的想法""感谢您对我们店的支持和理解,对您提出的问题,我这次安排另一位美容师为你服务,一定让您满意。"由于张顾问以礼相待,原来想要退卡的顾客不再坚持退卡,而是同意为其调换美容师。这种情况下,张顾问再次真诚地表达感谢:"谢谢！感谢您再次给我们机会",并进一步了解王女士对美容师手法力度的要求,让另一位美容师小李为其做一次免费护理。从王女士退卡这次事件中受到的启发:投诉是顾客给我们的最后一次机会,处理得当将使顾客更加忠诚,反之,我们将永远失去这个顾客。面对顾客的投诉,首先应该道歉,表示理解和同情对化解顾客不满最重要。

 相关知识

一、投诉处理礼仪的重要性

美容会所(院)在服务顾客的过程中,可能会因为服务质量、服务态度、产品效果以及顾客自身原因等遭到顾客的投诉。面对顾客投诉,正确的做法是积极处理,而不是回避。事实上,顾客投诉是给美容会所(院)服务改正错误的机会,如果顾客对服务不满意并不投诉而不再光顾,甚至告诉亲朋好友也不要光顾,就会让美容会所(院)永远地失去顾客。为此,美容会所(院)应重视顾客的投诉,制定顾客投诉处理机制,明确顾客投诉

4-33

处理的有关规定、责任人及投诉处理流程,以便迅速有效地解决顾客投诉问题,给顾客一个满意的答复。在投诉处理过程中,顾客投诉的接待人员,如果恰到好处地呈现美容服务礼仪,能有效平息顾客怨气,避免顾客流失。王女士要求退卡就是一个典型例子,其投诉开始时,只要适度地运用服务礼仪,能够站在顾客立场将心比心,有助于尽快妥善处理并给顾客一个满意的答案。于是,她也就不再坚持退卡,从而避免这个顾客的流失。

(1)能够留住老顾客,提升顾客忠诚度。一旦顾客的投诉得到了圆满解决,她会比其他顾客对美容会所(院)的忠诚度更高。

(2)这是美容会所(院)拓展客源最好的广告。顾客会将此次满意的经历告诉其他顾客,甚至会积极地赞扬美容会所(院)的服务和产品,顾客口口相传的广告效应可带来更多的客源。

(3)有助于维系良好的客情关系。通过有效解决顾客投诉,特别是有一定难度问题的投诉,可以在一定程度上提高美容师或者是顾问与顾客沟通的技巧和处理问题的能力,有助于与顾客建立良好的客情关系,甚至有可能会与投诉的顾客成为朋友。

二、如何处理好顾客投诉

(一)及时处理顾客投诉的意义

因产品或服务失误的程度不同,顾客会有不同的反应;不同的顾客对同样的失误也可能会有不同反应。面对顾客投诉时,美容会所(院)首先应该以礼相待,耐心了解顾客投诉的问题以及顾客的反应,才能给予对应的解决方案。

1. 顾客抱怨:对于美容会所(院)在服务过程中偶然出现的较小失误,给顾客造成的损失较小,在这种情况下,顾客会抱怨。如果美容会所(院)处理妥当,将化解顾客的抱怨,得到妥善的处理。

2. 顾客投诉:如果在美容会所(院)的服务过程中较大失误给顾客造成损失,或者连续出现失误让顾客不满,会出现顾客投诉。如果美容师操作问题,顾客会投诉美容师处理不当,转而向美容会所(院)的上一级人员反应情况,如店长或者是老板。

3. 顾客沉默:如果出现失误,顾客连续投诉得不到较好的处理,会使顾客沉默,顾客会寻求另外一家美容会所(院),从而导致美容会所(院)顾客流失。

由此可见,当顾客抱怨或投诉时,说明她愿意相信美容会所(院)会处理好,对出现的问题给予理解和包容,并愿意继续成为长期的顾客。只有当她对美容会所(院)失望,才会选择沉默,寻找另一家美容会所(院)。

(二)投诉处理礼仪的基本原则与要求

1. 换位思考,将心比心:接待人员首先要用同理心待客,表示理解顾客的心态,站在顾客立场上将心比心,换位思考,尽量体会顾客的心理感受,用礼貌的态度和积极的心态去处理。应该就导致顾客不满或不便的事情道歉,可能事件并非由你而起,

任务四 投诉处理礼仪

但你有责任代表美容会所(院)向顾客道歉。对顾客投诉要"心怀感激",感谢顾客将问题告知。

例如,"王女士,我很理解您此时的心情,请坐下来慢慢说",或"王女士,谢谢您将此事告诉我,您先休息会,我马上处理"。

切记,对所有顾客投诉的处理,无论已经被证实还是没有被证实的,都不应该先分清责任,而是先表示道歉,然后再处理事件,这才是最重要的。面对顾客投诉时,不可漠视顾客,不要以一种抗拒的态度去处理。

如情景导入中的张顾问面对顾客对美容师投诉问题,她没有站在自己的立场先劝王女士不退卡,而是面带微笑,保持礼貌、友善的态度。首先站在顾客的立场上去思考问题,将心比心、诚心诚意地去表示理解和同情;另外安排美容师让顾客免费体验一次,在没有给美容院造成损失的情况下给予顾客一定补偿,才没有让顾客坚持退卡。

2. 安抚情绪,平复心情:往往顾客投诉时觉得自身的权益受到侵害,情绪比较激动,接待人员要调整好自己的情绪,做好接受顾客情绪的心理准备,冷静对待,运用一定的心理学知识和沟通技巧,安抚顾客情绪,想方设法让顾客的怨气得以平息。千万不可受顾客情绪影响,表现出急躁或与其争辩,那只会火上加油,适得其反。保持礼貌、友善的态度有助于平息顾客的怨气,就有可能得到顾客的理解和配合。在此基础上,再去处理事件,就会有效得多。

3. 认真倾听,做好记录:倾听是对顾客礼貌、尊重的表现,一般顾客的投诉多数是发泄性的,只要得到同情和理解,消除怨气,心理感觉平衡后,问题就容易解决了。接待人员在倾听的时候,始终面带微笑、真诚、积极地关注对方,认真倾听其述说,让他发泄愤怒或不满的情绪,且不要打断顾客,并表现出对顾客的尊重。务必要做好顾客投诉的记录,尤其是投诉的要点和细节要记清楚,并适时复述。只有认真倾听、了解事件的全过程,才能对症下药,有效地解决投诉问题。

注意:记录要点一定要写清楚并与顾客确认,如发生什么事、当事人是谁、不满意的原因、希望如何解决等重要信息记录下来,这样的态度,会使顾客感到自己受到足够的重视,怨气也消了很多。

4. 面对问题,及时处理:对顾客投诉不仅是单纯地同情和理解,必须迅速采取行动,给出解决方案。当顾客怨气平息之后,搞清楚其怨气从何而来,接待人员能答复的问题,应立即答复并向顾客解释说明;不能答复的,应立即上报。若拖延时间,会让顾客感觉没有被重视,其怨气变得越来越强烈,不利于问题的处理。

投诉处理完毕,对于改进服务质量、提升企业形象提供帮助的顾客,应表示感谢,并在行动上有所体现,如赠送小礼品或打折优惠等,将投诉带来的不良影响降到最低,大大提升顾客对企业的满意度和忠诚度。

(三) 美容服务中顾客投诉的处理流程和方法（举例）

图4-4-1展示的是美容服务中顾客投诉的处理流程及方法。

美容服务中顾客投诉的处理流程及方法

处理流程	处理方法
1. 记录投诉内容	通过检查顾客意见单/顾客投诉登记表，或其他方式（如询问），了解有无顾客书面或口头投诉，并详细记录顾客投诉的全部内容，如投诉人、投诉时间、投诉对象、投诉要求等
2. 判断投诉是否成立	了解顾客投诉具体情况后，要确定顾客投诉的理由是否充分，投诉要求是否合理。如果投诉并不成立，就可以委婉的方式答复顾客，以取得顾客的谅解，消除误会
3. 分析投诉原因	当事人、店长、公司客服部要集体讨论，分析顾客投诉的具体原因，认真查找美容服务工作中存在的不足之处
4. 制订处理方案	依据实际情况，参照顾客的投诉要求，根据公司的有关规定，提出解决投诉的具体方案
5. 提交领导批示	针对顾客投诉问题，主管领导应对投诉的处理方案仔细过目，及时作出批示。根据实际情况，采取一切可能的措施，弥补顾客损失，维护公司形象
6. 实施处理方案	根据投诉处理实施方案，给予顾客精神、物质或其他形式的赔偿；对公司内部涉事相关人员，按照公司有关管理办法进行处理
7. 总结评价	公司相关部门对顾客投诉整个事件进行总结，包括投诉的原因、处理过程及结果、投诉事件的影响、今后工作中需要如何改进等，并在公司进行通报，避免投诉事件的再次发生

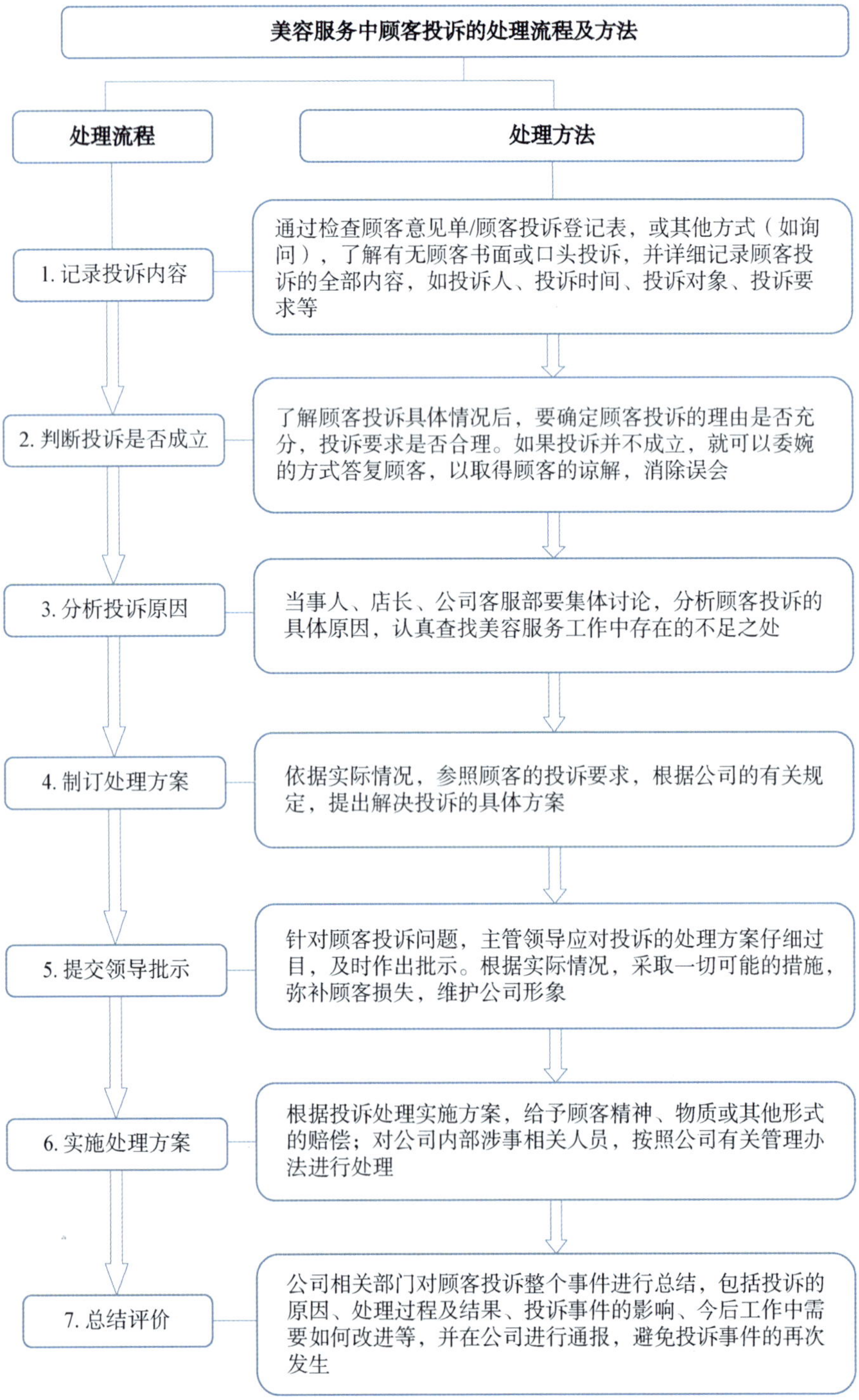

图4-4-1 美容服务中顾客投诉的处理流程及方法

任务四 投诉处理礼仪

 任务分析

对美容服务中正确处理顾客投诉,能够赢得顾客的信任,并能促进公司美容服务质量的整体提升和树立良好的企业形象。在投诉处理中,美容服务礼仪是接待人员非常重要的一项职业能力和素质。但是,在顾客投诉处理礼仪的学习过程中,学习者往往因片面地认为美容服务技术是影响美容服务质量最为重要的因素,其他环节均处于次要地位,因而忽略对本学习任务的重视而影响学习效果;此外,学习者受自身日常生活中为人处世习惯的影响,以及尚未养成良好的礼仪习惯和正确处理人际关系的能力,使得他们在处理顾客投诉时礼仪不到位、方法不恰当,严重影响了公司的形象。

综上所述,学习者应高度重视顾客投诉的正确处理方法,理解礼仪在个人、公司形象及在美容服务质量提升中的重要作用,养成良好的礼仪习惯,认真学习美容服务中顾客投诉处理的礼仪知识,并在今后的工作岗位中努力实践,才能在处理顾客投诉时做到游刃有余,既保障顾客的权益,又维护公司的形象。

 任务准备

(1)美容服务中顾客投诉处理礼仪知识。
(2)美容服务中顾客投诉处理案例,以便学习者学习借鉴。

 任务实施

一、美容服务中顾客投诉处理模拟实训

1. 熟悉案例处理流程:教师以美容服务中真实投诉案例的处理为例,将顾客投诉处理的礼仪原则、流程和方法,实际应用于美容岗位工作中顾客投诉事件的处理之中。下面列举的是某公司顾客投诉处理的流程及方法(图4-4-2)。

2. 小组训练:3~4个同学为一组。假设处于美容服务的某岗位(门店售后、店长或公司客服部),在组长的带领下按照美容服务中顾客投诉处理的礼仪原则、流程和方法以及教师提供的案例示范进行实践,达到基本具备顾客投诉处理的能力。

3. 自我训练:自我设定在美容服务中的角色,按照教师示范和小组练习的方法,反复进行顾客投诉处理的训练,直至熟练地掌握顾客投诉处理的礼仪原则、流程和方法,为未来能够胜任顾客投诉处理的相关工作。

美容礼仪

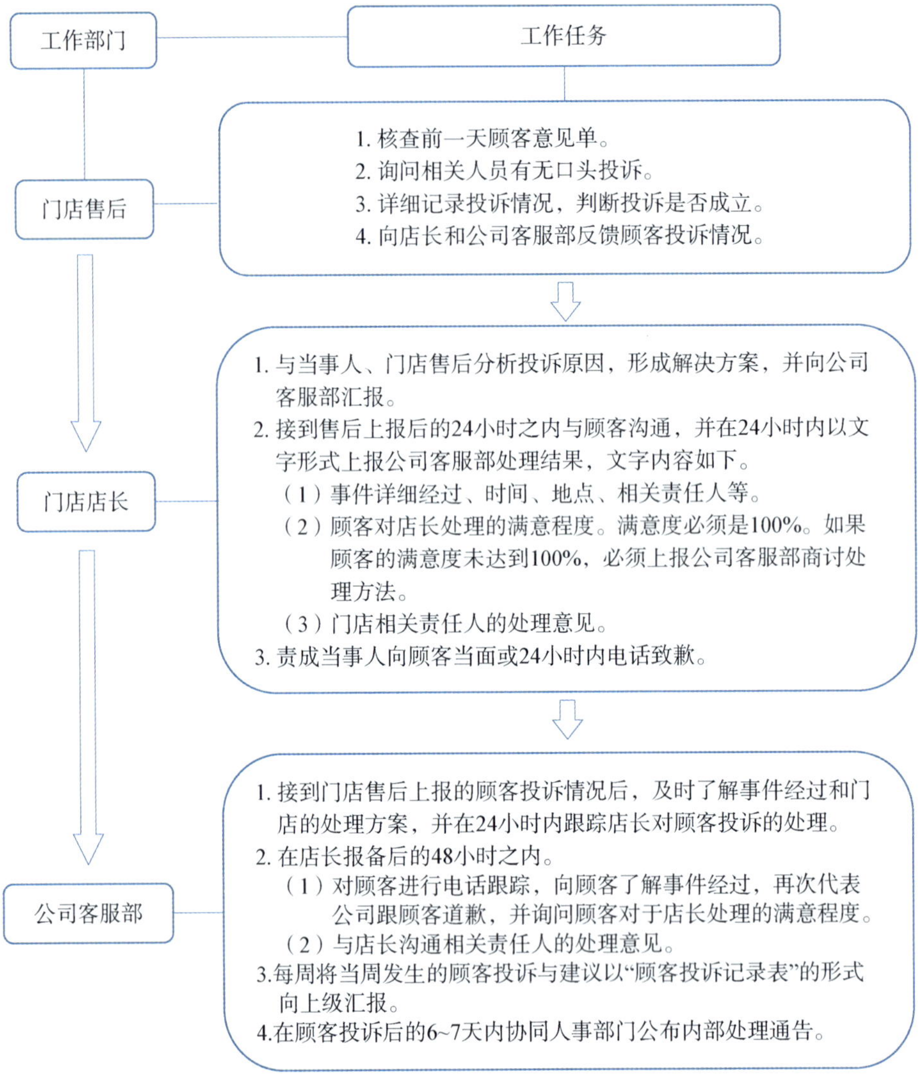

工作部门	工作任务
门店售后	1. 核查前一天顾客意见单。 2. 询问相关人员有无口头投诉。 3. 详细记录投诉情况，判断投诉是否成立。 4. 向店长和公司客服部反馈顾客投诉情况。
门店店长	1. 与当事人、门店售后分析投诉原因，形成解决方案，并向公司客服部汇报。 2. 接到售后上报后的24小时之内与顾客沟通，并在24小时内以文字形式上报公司客服部处理结果，文字内容如下。 　（1）事件详细经过、时间、地点、相关责任人等。 　（2）顾客对店长处理的满意程度。满意度必须是100%。如果顾客的满意度未达到100%，必须上报公司客服部商讨处理方法。 　（3）门店相关责任人的处理意见。 3. 责成当事人向顾客当面或24小时内电话致歉。
公司客服部	1. 接到门店售后上报的顾客投诉情况后，及时了解事件经过和门店的处理方案，并在24小时内跟踪店长对顾客投诉的处理。 2. 在店长报备后的48小时之内。 　（1）对顾客进行电话跟踪，向顾客了解事件经过，再次代表公司跟顾客道歉，并询问顾客对于店长处理的满意程度。 　（2）与店长沟通相关责任人的处理意见。 3. 每周将当周发生的顾客投诉与建议以"顾客投诉记录表"的形式向上级汇报。 4. 在顾客投诉后的6~7天内协同人事部门公布内部处理通告。

图4-4-2　某公司关于顾客投诉的处理部门及工作内容

二、美容服务中顾客投诉处理的礼貌用语练习

案例：根据某公司投诉处理流程及相关岗位工作内容，设计情景对话，反复练习，例如：

您好！请问是王女士吗？

我们是某公司总部客服，看到您××日在我们店做护理时有不满意的情况，我代表公司总部向您道歉，打扰您几分钟可以吗？

您这次不满意的情况我们已经跟店长了解了所有经过，并由店长给您处理。您对店长的处理满意吗？

（满意）好的，再次代表公司向您道歉，感谢您对我们的支持与理解。

(一般/不满意)不好意思！我们店长的处理没有最终让您满意,您看我这样处理您满意吗(赔护理、上门道歉等,直到顾客满意为止)？

好的,感谢您的支持与理解,以后有任何问题也可以直接跟我们提出来,这是我们的客服专线。

祝您今天好心情,再见!

 任务评价

评价：以小组为单位,进行美容服务中顾客投诉处理实践展示,以自评、互评、教师评的方式评价学习效果(表4－4－1)。

表4－4－1　顾客投诉处理展示评价表

组别	评价内容	评价(优、良、差)			存在问题
		自评	互评	教师评	
第1组	原则应用得当				
	处理程序清晰				
	处理方法得当				
第2组	……				
	……				

 能力拓展

【案例1】广州市某美容院,加盟某品牌后向其一位顾客推荐一套价值2 000元的美白产品,并由在场的厂家美容导师写下"无效退款"(宣称其美白产品具有美白、祛斑功效)的保证书。该顾客在使用该品牌产品1个月后,发现皮肤肤色未见白净,脸上的色斑也未见淡化。于是,顾客找到美容院,要求退款。美容院答应向厂家反映情况并及时处理。2周后,给该顾客回复,厂家可赠送她一件价值500元的礼品,但不退款,因为产品有无效果无法判定。该顾客表示,既然原来厂家与美容院承诺无效退款,她便坚持要求退款,不需要厂家的礼品。美容院答应与厂家作进一步的沟通,而厂家此时则以各种借口进行推诿。1个月后,该顾客再次来到美容院强烈要求退款。美容院出于留住这位较有经济实力顾客的想法,便附和该顾客说产品没有效果以表安慰,于是顾客在得到解决期限的答复后离去。当期限到后,该顾客的问题仍然没有得到解决。于是该顾客决定到消费者协会投诉。在此情况下,美容院为息事宁人,不造成"负面影响",退还了其2 000元钱。请思考以下问题：分析本案例中的美容院在处理顾客投诉时存在的不足。从本案例中,美容院应该汲取什么教训？

【案例2】某美容院接到顾客投诉,反映美容院在促销活动宣传单上承诺的"免费护

肤一次"未能兑现,有欺骗顾客的嫌疑;而其原有的老顾客,也因为以前未能享受到类似的优惠而表示不满。促销将产生既招不来新顾客,又得罪了老顾客的严重后果。在这种严峻形势下,该美容院老板采取了以下几条措施,成功地解决了问题:①对所有携有美容院散发的传单的新顾客,均为其做免费护理一次,不附加任何条件,以取得新顾客的信任;②对所有的老顾客,也赠送免费基础护理一次,并在为其做过免费护理之后,委托她们派发宣传单;③如果是老顾客介绍来的新顾客,将给老顾客一定的奖励。

对本案例的解决方案进行分析点评,并提出另外可行的解决方案。

(梁 冰 殷秀娟 肖杰华)

参考文献

1. 张春彦.美容礼仪教程[M].北京：人民军医出版社,2010.
2. 张丽娜,丁红玉.美容会所运营管理项目教程[M].广州：广东高等教育出版社,2016.
3. 申泽宇,吴琼.美容美体技术[M].上海：复旦大学出版社,2019.
4. 吴强,赵瑛.美容美体学[M].广州：广东高等教育出版社,2014.
5. 张秀丽,赵丽,聂莉.美容护肤技术[M].北京：科学出版社,2015.
6. 张春彦.美容消费心理学[M].北京：人民军医出版社,2010.
7. 许湘岳,蒋璟萍,费秋萍.礼仪训练教程[M].北京：人民出版社,2012.

附录　课程标准

一、课程名称

美容礼仪。

二、适用专业及面向岗位

适用于医学美容技术专业、中医美容及美容美体专业，也适用于美容企业培训，面向美容服务行业的各个岗位。

三、课程性质

本课程是入职美容行业的必修课，属于专业基础课程。课程内容基于美容服务过程典型工作任务对职业礼仪素养的要求所开发，从员工的仪容仪表、仪态举止到服务顾客的各环节，以基本的职业形象塑造及在服务工作中礼仪的应用为主线，将礼仪与企业员工的职业素质养成教育及服务品质提升紧密结合，突出岗位实践能力培养。采用行为导向、任务驱动、案例教学、情景教学等教学方法，培养学生积极乐观的心态，具有基本的形象礼仪及沟通礼仪，并成为日常生活和工作中的一种习惯，为今后提供优质服务奠定良好的职业基础。

四、课程设计

（一）设计思路

礼仪在服务美容服务中的重要性不言而喻，课程从内容到形式上要让学生产生兴趣，是教师和学生都愿意使用的工具书，才能体现教材的价值。为此，本课程设计以"趣"为切入点，遵循学生认知规律及不同层次的学习特点，在结构上突破以往礼仪教材的篇章结构，采用模块化、任务式体例。学习任务设计以岗位需求为导向，以任务为载体，突出美容服务过程中礼仪运用的重点、难点，强调礼仪学习的针对性、实用性。内容呈现以学习目标—学习内容—学习达成度检测为主线，采用情景导入、相关知识、任务分析、任务实施及任务评价等形式，以真实案例、情景增加学习的趣味性。体现基于工作的学习，突出内容的实用性，让学生"学中做、做中学、边学边做、边做边学"，逐渐将美容服务中必须遵循的礼仪行为规范成为一种习惯。

（二）内容组织

本课程内容是将美容服务必须具备的基本礼仪、职业心态、行为规范与优质服务理念有机融合，重组为职业形象礼仪和美容服务礼仪 2 个模块，每一模块由 2 个单元及若干个学习任务组成。模块一主要以微笑训练为重点，塑造美容专业人员的基本职业形象；模块二以服务沟通技巧训练为重点，熟悉美容服务基本流程和礼仪规范。

五、课程教学目标

（一）知识目标

1. 熟悉美容礼仪的重要性及站姿、坐姿、走姿、蹲姿、鞠躬等体姿标准。
2. 掌握美容专业人员的形象礼仪要求、动作要领及运用场景。
3. 掌握美容服务各环节沟通礼仪及注意事项。

（二）能力目标

1. 在工作中能够正确使用礼貌用语。
2. 能够在工作中保持微笑，正确运用仪态举止礼仪。
3. 在预约、迎送顾客、服务准备等工作中，习惯使用问候等礼貌用语，仪态举止配合自然、大方得体。
4. 按标准化服务流程为顾客操作过程中，与顾客沟通恰当，使用语言规范有礼，体现体贴、周到、耐心的服务。

（三）素质目标

1. 爱岗敬业，积极乐观。
2. 具有良好的职业道德和职业素养。
3. 具有良好的服务意识，责任意识。
4. 尊重顾客，注意保护顾客隐私。

六、参考学时与学分

课程参考学时：40 学时。参考学分：2.5 学分。

七、课程结构

学习任务（单元、任务）	对接典型工作任务	学习目标（知识、技能、态度要求）	教学活动设计	课时
仪容仪表基本礼仪	发型与妆容修饰	1. 了解美容专业人员发型礼仪的要求 2. 了解妆容礼仪在美容服务中的重要性 3. 熟悉妆容修饰礼仪基本要求及注意事项 4. 能够按照美容服务礼仪要求，熟练整理发型及妆容，做到及时补妆 5. 能够在工作中保持精致职业妆	1. 讲授 2. 案例教学 3. 情景教学	4

(续表)

学习任务 (单元、任务)	对接典型 工作任务	学习目标(知识、技能、态度要求)	教学活动设计	课时
	着装及个人卫生	1. 熟悉美容专业人员着装礼仪要求及注意事项 2. 熟悉美容服务卫生要求，能够自觉遵守卫生管理制度 3. 能够按照美容服务个人卫生礼仪要求及注意事项，做好个人的清洁卫生	1. 讲授 2. 案例教学 3. 情景教学	2
	微笑礼仪	1. 能够认识到美容行业微笑服务的价值，了解微笑在美容服务中的作用 2. 熟悉微笑的要求及训练要领 3. 运用微笑训练方法，有针对性地进行微笑训练 4. 能够认识到微笑与不良情绪的关系，在工作中能够调节好自己的情绪，以积极的心态面对工作，保持微笑	1. 案例教学 2. 情景教学 3. 技能训练	4
仪态举止基本礼仪	静态体姿礼仪	1. 熟悉常用站姿、坐姿、蹲姿标准 2. 熟悉美容服务对站姿、坐姿、蹲姿的要求及注意事项 3. 能够理解站姿、坐姿、蹲姿动作要领 4. 在工作中能够自觉遵守站姿、坐姿、蹲姿礼仪要求，做到正确运用	1. 观看视频 2. 情景模拟演示 3. 技能训练 4. 案例讨论	8
	动态体姿礼仪	1. 熟悉走姿、鞠躬、手势、奉茶的动作标准及要求 2. 能够在美容服务中正确展示标准走姿、鞠躬礼仪 3. 能够运用自然地运用正确的手势为顾客进行指引 4. 能够运用正确的奉茶礼仪，做好顾客的接待工作		2
服务基本礼仪	1. 客户预约 2. 接待顾客 3. 护理准备 4. 送客	1. 了解美容服务基本流程及规范要求 2. 熟悉美容服务基本礼仪及注意事项 3. 能够运用服务基本礼仪做好顾客预约、接待、服务准备及送客等工作 4. 熟悉电话接听、微信联系等常用沟通技巧及注意事项，并能灵活使用预约、咨询礼仪话术	1. 讲授 2. 情景模拟 3. 案例分析 4. 技能训练 5. 案例讨论	6
服务沟通礼仪	1. 项目介绍 2. 操作介绍 3. 售后跟进 4. 投诉处理	1. 熟悉项目介绍基本步骤及要求 2. 熟悉项目介绍沟通技巧及注意事项 3. 了解美容美体操作规范及步骤 4. 熟悉美容美体操作沟通要点及注意	1. 讲授 2. 情景模拟 3. 案例分析 4. 技能训练 5. 案例讨论	10

附录　课程标准

(续表)

学习任务 (单元、任务)	对接典型 工作任务	学习目标(知识、技能、态度要求)	教学活动设计	课时
		5. 熟悉售后跟进内容及要求 6. 熟悉售后跟进沟通常用礼仪及沟通技巧 7. 了解投诉处理礼仪要求及注意事项 8. 能够根据服务礼仪的原则与要求,做好项目介绍、操作介绍、售后跟进及投诉处理工作		
机动教学活动				2

八、资源开发与利用

(一) 教材编写与使用

教材编写本着理论知识够用与适用、能力训练为核心的原则,紧密对接美容服务岗位职业能力、素质要求,以美容服务的典型工作中的礼仪案例、图片和视频等真实素材为资源,按照学习任务进行归类整理,编写成教材。教材体例突出校企合作、双元育人的理念和要求,以学习目标、情景导入、相关知识、任务分析、任务准备、任务实施、任务评价、能力拓展等形式展现,使课程教学与岗位工作过程有效对接,满足岗位实用型、技能型人才培养的需要。

(二) 数字化资源开发与利用

运用现代多媒体技术,将美容岗位工作中的礼仪素材(图片和视频)以二维码的形式展示,实现学生手机移动端的在线学习,帮助学生掌握美容岗位工作的礼仪知识与技能,提升人才培养质量。

(三) 企业岗位培养资源的开发与利用

以美容会所(院)的典型礼仪案例、图片及视频,用于课程教学与任务实施,体现基于工作的学习,将企业岗位工作任务的实际要求与课程学习紧密结合,既能增加教学的趣味性,营造生动的学习氛围,提高教学效果,又能有效解决学习与运用脱节的问题,提升人才的岗位胜任能力。

九、教学建议

本课程教学手段主要采用情景导入、任务驱动教学法、模拟训练等形式,突出学生岗位能力和职业素质的培养;要求任务实施与岗位工作过程紧密对接,任务评价重点突出、有的放矢,模拟训练以实际情景为基础,能力拓展进一步强化岗位能力、素质的提升。因此,整个教学设计紧紧围绕美容服务礼仪能力的培养。

十、课程实施条件

在课程教学中,双导师的专业能力是课程实施的必要条件。学校导师必须熟悉美容岗位典型工作任务及礼仪素养要求,并具备丰富的礼仪知识与教学能力;企业导师应具备熟练的美容岗位实践工作经验和礼仪知识培训及运用的实践能力。

十一、教学评价

建议采用过程性与终结性评价、理论知识评价与实践技能评价相结合的综合评价。过程性与终结性评价均涵盖理论知识评价与技能考核评价。过程性评价应结合学习态度、理论与实训成绩等,注重评价方式的多样性与客观性,着重考核学生在完成学习任务过程中的学习态度、美容礼仪知识与技能学习情况,以及在学习过程中体现的团队协作精神、交流沟通与解决问题能力等综合素质的养成;终结性评价主要在于考核学生美容礼仪知识与技能的运用情况,强调学生的能力提升。

(吴　曦　梁　冰　殷秀娟)

附录　课程标准

"美容礼仪"课程内容结构图

主干（头部箭头）：正确运用礼仪知识及技能为服务增值

了解美容服务礼仪

1. 了解美容师仪容仪表礼仪的重要性
2. 熟悉美容师仪容仪表礼仪的基本原则及注意事项
3. 掌握美容师仪容仪表礼仪的内容及要求

仪容仪表礼仪
1. 发型符合美容师岗位工作标准
2. 着装得体，美观
3. 妆容精致，体现美容师的专业特色
4. 微笑甜美，展示个人魅力
5. 保持良好的个人卫生，清新宜人

仪态举止礼仪

1. 了解美容师仪态举止礼仪内涵
2. 了解美容师仪态举止礼仪的动作要领
3. 掌握美容师仪态举止礼仪训练的方法

仪态举止礼仪
1. 能正确进行仪态举止礼仪的训练
2. 仪态举止优美，得体大方
3. 以优雅举止开展美容服务工作

服务基本礼仪

1. 了解美容服务礼仪的基本范畴
2. 熟悉美容服务礼仪的意义
3. 了解美容服务礼仪的原则及注意事项
4. 掌握美容服务礼仪的基本流程

服务基本礼仪
1. 礼貌预约新老顾客
2. 顾客来店时能正确接待，使其有宾至如归之感
3. 按照规范流程及礼仪要求提前做好美容护理准备
4. 礼貌送客，让顾客高兴而归

服务沟通礼仪

1. 了解美容专业服务沟通礼仪的目的、重要性
2. 熟悉美容专业服务沟通礼仪的原则
3. 掌握美容专业服务沟通礼仪的要点及要求
4. 熟悉美容专业服务沟通礼仪的流程

服务沟通礼仪
1. 礼貌进行项目介绍，让顾客欣然接受服务项目
2. 单独应用操作介绍礼仪完成美容服务项目介绍
3. 为顾客提供优质的售后服务
4. 按合理流程正确处理顾客投诉，化解顾客心中的不悦

图附录-1　"美容礼仪"课程内容结构图

图书在版编目(CIP)数据

美容礼仪/梁冰等主编. —上海:复旦大学出版社,2020.8(2025.6重印)
ISBN 978-7-309-15126-8

Ⅰ.①美… Ⅱ.①梁… Ⅲ.①美容-商业服务-礼仪-高等职业教育-教材 Ⅳ.①F719.9

中国版本图书馆 CIP 数据核字(2020)第 104589 号

美容礼仪
梁　冰　等 主编
责任编辑/傅淑娟

复旦大学出版社有限公司出版发行
上海市国权路 579 号　邮编:200433
网址:fupnet@ fudanpress.com　　http://www.fudanpress.com
门市零售:86-21-65102580　　团体订购:86-21-65104505
出版部电话:86-21-65642845
上海四维数字图文有限公司

开本 787 毫米×1092 毫米　1/16　印张 9.75　字数 214 千字
2025 年 6 月第 1 版第 9 次印刷

ISBN 978-7-309-15126-8/F·2705
定价:50.00 元

如有印装质量问题,请向复旦大学出版社有限公司出版部调换。
版权所有　　侵权必究

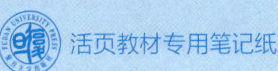

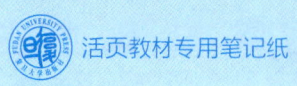

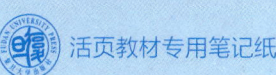

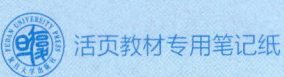

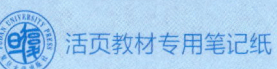

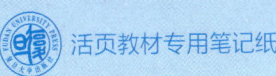

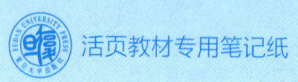

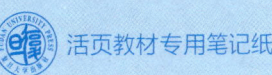